Die Autorin

Mein Name ist Madeleine Stefanie Reiter, ich wurde 1986 in Graz geboren, ursprünglich in der Krankenpflege und nun als akademische Jugendsozialarbeiterin tätig. Ich lebe gemeinsam mit meiner Familie, Partner Wilfried, seinem Sohn André und unserem gemeinsamen Sohn Fernando Emilio in Ludersdorf.

Schreiben ist für mich eine Form, um Gedanken, Gefühle und Erlebnisse zum Bleiben einzuladen, Vergessenes unvergesslich zu machen und Unglaubliches durch Buchstaben verständlich werden zu lassen. Genau aus dieser Liebe zum Schreiben, und Gottfried Eichers Bedürfnis, seine bewegende Lebensgeschichte zu erzählen, resultiert dieses Buch „Licht und Schatten meiner Vergangenheit".

Gottfried Eicher

Licht und Schatten meiner Vergangenheit

© 2013 Gottfried Eicher
Licht und Schatten meiner Vergangenheit
Im Eigenverlag : Gleisdorf November 2013
1. Auflage 2013 : 1000 Exemplare

Lektorat, Korrektorat: Dipl. Päd. Heike Lang, BEd, M.A.
Fotos und Gestaltung: Madeleine Reiter, Wilfried Eicher

ISBN: 978-3-200-03346-7
Druck: dieschwarzdrucker.de –
        Ph.C.W. Schmidt Dienstleistungsgesellschaft mbH

Inhaltsverzeichnis

Vorwort...

Ich schreibe dieses Buch, um anderen Menschen zu zeigen, dass man alles im Leben erreichen kann, ohne dass nur ein Einziger an einen glaubt. Wichtig ist, dass man selbst an sich glaubt und niemals die Hoffnung aufgibt, dass das Blatt sich noch zum Guten wenden kann. Meine Kindheit und Jugend erlebte ich von der Mutter verstoßen im Armenhaus und später als Kostkind und Knecht in einem Stall bei einem Bauern. Anstatt Wärme, Schutz und Geborgenheit erlebte ich Missbrauch und Gewalt, weshalb ich meinem Leben schon früh ein Ende setzen wollte.

Doch ein kleines Fünkchen Hoffnung loderte noch in meiner Brust und ich überlebte die darauffolgende Entführung und Verschleppung sowie die Legionärszeit im Tschad. Ich kämpfte für meinen Traum, mir irgendwann ein eigenes Zuhause zu bauen und eine Familie mit vielen Kindern zu gründen. Ich habe nie ganz aufgehört, an meine Träume zu glauben und das Leben hat mich am Ende dafür belohnt. Heute habe ich nicht nur eine wunderbare, große Familie, sondern auch die Fähigkeit, Menschen mit meiner Gabe des Wünschelrutengehens gesundheitlich zu helfen und vor wirkungslosen Abschirmgeräten zu warnen, mit denen Firmen sich an verzweifelten Menschen eine goldene Nase verdienen möchten.

Ins Leben geworfen…

Ich erblickte am 25. Juni 1941 in Gleisdorf das Licht einer Welt, in der ich nicht willkommen zu sein schien. Ich war der Sohn der Magd Juliane Eicher, deren Mann Karl bei meiner Empfängnis an einer anderen Front kämpfte, der Front im Krieg. Ich kam wahrscheinlich nicht nach zwölfmonatiger Schwangerschaft, sondern eher durch einen anderen Erzeuger, vermutlich dem Dienstgeber meiner Mutter, zur Welt.

Ich war wohl der Sohn den man nie wollte, der Sohn der nicht passieren hätte dürfen, der Sohn der schließlich den Weg ins örtliche Armenhaus fand, das vierhundert Meter vom Hof, in dem meine leibliche Mutter diente, entfernt stand.

Zu dieser Zeit gab es viele sogenannte Kostkinder – sie kamen zu Verwandten oder fremden Pflegeeltern, wenn die Mutter unverheiratet war und als Magd diente. So hatte sie die Gelegenheit, zu heiraten oder, wie in meinem Fall, ein Problem loszuwerden. Obgleich es auch damals schon die Alimentepflicht gab, entzogen sich die Männer dieser zumeist und somit konnten viele Frauen auch nicht anders handeln, als ihr Kind wegzugeben. Es galt unter den Männern prinzipiell die Meinung, die Frau trage die Schuld an der Empfängnis und nicht der Mann, der sich an der ihr vergangen hatte, ob es sich um die eigene Ehefrau oder eine Magd oder Fremde handelte.

Die Zeit im Armenhaus, sie sollte für lange Zeit die schönste und reichste in meinem Leben bleiben. Dieser Abschnitt meiner frühen Kindheit zeichnete sich durch die mächtigen, schützenden Birken in unserem Garten aus, die so viel Sicherheit, Freude und Frieden in meinem damals verspielten Kinderherz hinterließen, wie es auch meine Ziehmutter tat. Ich wuchs mit acht Geschwistern in Armut, aber reich an Liebe, Verständnis und Zusammenhalt auf. „Mutter" durfte ich sie nennen, diese warmherzige Frau die uns allen gleich viel Liebe schenkte, ihren fünf Kindern und uns vier Waisen. Auch ihren Mann, Herrn Hammer, liebte ich wie einen Vater, und wir lebten als zusammengewürfelte aber glückliche Familie in einfachsten Verhältnissen in einem kleinen Haus. Nachts schliefen wir wie Sardinen aneinandergereiht ein, was ich als Gefühl der Geborgenheit und Wärme in Erinnerung habe.

In unserer Großfamilie gab es jede Menge zu tun, für Groß und Klein, um über die Runden zu kommen und unseren Hunger mit saurer Suppe oder Sterz, aus einem Gemeinschaftstopf, zu stillen. Wir Kinder verbrachten viel Zeit unter freiem Himmel, da wir für Susi und Gretel, unsere Hausziegen, verantwortlich waren. Wir rechten das Laub im Wald, um es den Tieren in der Hütte neben unserem Haus einzustreuen, obgleich der Rechen für mich viel zu groß und das Heimtragen des Laubes mittels Buckelkorb viel zu schwer war. Aber ich mochte die Arbeit mit dem raschelnden Laub und dem guten Geruch des Waldbodens, der mir in die Nase stieg. Es war das pure Leben.

Wir halfen Vater im Wald Baumstöcke auszugraben, um sie zu Bau- und Brennholz zu verarbeiten. Wenn es zu herbsteln begann, trugen wir die Früchte der Eichen zusammen, um sie danach als Viehfutter zu verkaufen. Auch für die „Eichelknoperl", das waren die Hüllen der Früchte, fand man damals Verwendung. Wir klaubten sie in Säcke und brachten sie mit stabilen Leiterwagen nach Gleisdorf, wo sie uns von Händlern zur Lederverarbeitung günstig abgenommen wurden. Wir wussten die Natur zu nutzen, und so kam wieder ein bisschen Geld in die karge Haushaltskasse und wurde gleich in Lebensmittel umgesetzt.

Der lange Weg von Hofstätten nach Gleisdorf mit der schweren Fracht auf dem Leiterwagen war für uns Kinder jedoch sehr mühsam. Zwei von uns zogen und einer stemmte sich von hinter gegen en Leiterwagen, um ihn zu bewegen und auch über die leichten, aber quälenden Steigungen zu bringen. Umso schöner bereiteten wir uns dann den Heimweg, auf dem jeder von uns abwechselnd ein Stück im Leiterwagen gezogen wurde. Wir genossen das gemeinschaftliche Nachhause laufen, lachten und spielten befreit vom drüben Vormittag.

Auch beim Sammeln der Ernterückstände tobten wir zusammen über das Feld des benachbarten Bauern und nach getaner Arbeit bekamen wir als Belohnung Most zu trinken. Mit diesem säuerlichen Geschmack musste ich mich erst anfreunden, verzog es mir bei den ersten paar Schluck doch immer das Gesicht. Auch beim Tollen und Spielen wurde mir danach oft schwindelig, ohne mir einen Reim darauf machen zu können. Das waren die Auswirkungen des Alkohols auf mich vierjährigen Stöpsel, der beim Abfangen spielen öfter wie ein nasser Sack zu Boden ging.

Wenn der Nachbarbauer die Erdäpfelernte eingebracht hatte, durften wir die spärlichen am Feld übergebliebenen kleinen Erdäpfel für unseren Eigenbedarf einsammeln und nachhause tragen.

Den Rest der Nahrung für uns im Armenhaus erhielten wir durch Spenden, und so mussten wir nie Hunger leiden. Auch die wenige Kleidung bekamen wir in dieser Zeit auf dieselbe Weise und vererbten die geflickten Stücke unseren Geschwistern weiter. Schuhe waren Luxusartikel und so liefen wir auf unseren bloßen Füßen, die sich schon an jeglichen steinigen Untergrund gewöhnt hatten und mit funktionstüchtiger Hornhaut reagierten.

Eines Nachts wurden wir unsanft aus dem Schlaf gerissen und flüchteten mit unserer Familie auf Leiterwagen, die die großen Kinder vor sich herschoben schaftrunken und ängstlich in den Wald. Die Äste peitschten in mein verweintes Gesicht, auf dem Weg über den unwegsamen Untergrund des Waldes, bis ich in der Ferne ein kleines Licht von einem Bauernhof erspähen konnte. Diese Nacht verbrachten wir in einer Scheune voller Ratten, leise verkrochen unter Strohhäufen, um nicht aufgespürt zu werden. Es war sehr kalt und ich wurde zitternd vor Kälte und wimmernd vor Angst von meiner Mutter in den Schlaf gewogen. Drei Tage mussten wir so in unserem Versteck ausharren, ehe wir uns nachhause wagten. Der Bauer versorgte uns reichlich mit Kartoffeln, Maisschrot und Milchsuppe und so waren die Schrecken dieser Nacht einem köstlichen Mahl für Leib und Seele gewichen. Zuhause angekommen standen Lastwägen der Russen überall im Dorf. Dies war also der Grund für unsere nächtliche Flucht gewesen. Die Russen hatten uns besetzt doch im Gegensatz zu den Erwachsenen waren sie uns Kindern kein Dorn im Auge, im Gegenteil – sie waren freundlich und nahmen uns auf den Arm.

Die fremden Männer gaben uns sogar Kekse, Leckerbissen die wir bisher nicht kannten, und so hatten wir kein schlechtes Bild von den Russen. Wir verstanden zu dieser Zeit nicht die Aufregung und das Misstrauen der Erwachsenen, die ihr Hab und Gut vor den fremden Soldaten und Plünderern schützen wollten. Denn es mangelte den Menschen an so manchen Dingen zur Kriegszeit, die 1945, als ich vier Jahre alt war, endlich zu Ende ging.

Die Gefahren, die uns damals jedoch umgaben, erkannten wir erst, als uns ein ohrenbetäubender Knall erschütterte und zwei im Wassergraben spielende unschuldige Kinder vor unseren Augen grausam zu Tode kamen. Es war eine Handgranate explodiert und wir begriffen, dass nun überall der Tod lauern und unserem spielerischen Treiben ein jähes Ende bereiten konnte. Wenn ich heute daran denke, schaudert es mir noch bis in die Knochen vor dieser schrecklichen Kriegserinnerung.

Die Einschulung

Den Schulweg, der mich ins Ungewisse, weg vom schützenden Armenhaus und meinen Geschwistern führte, kannte ich damals schon blind, da ich ihn zuvor schon oft genug mit dem Leiterwagen bezwungen hatte. Allein diesen langen Fußmarsch bei jedem Wetter absolvieren zu müssen, machte mich fertig, ohne dabei an die vielen fremden Menschen und die neue Umgebung zu denken. Zu dritt begaben wir uns jeden Morgen auf den beschwerlichen Weg, den wir uns durch Abfangspiele zu verkürzen versuchten. Ich musste aufpassen, dass ich dabei meine Tafel und Stifte, die ich in einem zerrissenen Leinensack anstelle einer Schultasche bei mir trug, nicht auf dem Weg ausstreute. Der leere Magen, der sich immer wieder meldete, war auf dem langen Weg in die Gleisdorfer Schule auch nicht hilfreich. Dort angekommen bekamen wir Leitungswasser zu trinken, mit dem ich meinen knurrenden Bauch bei Laune halten musste. Da es zu Mittag in der Schule eine Ausspeisung gab, wurden wir morgens ohne Frühstück losgeschickt. Vom Morgengebet bis zur Ausspeisung schweiften die Gedanken ständig um die ersehnte erste Mahlzeit des Tages zu Mittag.

Alle vier Schulstufen wurden in einem Raum von meist strengen Klosterschwestern unterrichtet, deren schwarze Tracht mich Respekt und Angst empfinden ließen. Dieser Eindruck war keinesfalls unbegründet, wie Sie später an einer anderen Stelle noch lesen werden. Nun kommen wir aber zur Ausspeisung, dem rationierten aber schönsten Erlebnis des angebrochenen Tages. Wir stellten uns in Reih und Glied lautlos und diszipliniert an, und bekamen Sterz, Eintopf oder Gemüsesuppe. Es galt das Prinzip „Hunger ist der beste Koch". Diese warme Wohltat, wenn sie auch einseitig war, ließ meine Gedanken ums Essen endlich ziehen, und mich richtig zu mir kommen. Zur Nachspeise gab es gelegentlich sogar einen Apfel.

Gestärkt traten wir dann den Heimweg an, der mein Herz jubeln ließ und mich in meine geliebte und gewohnte Umgebung zurückführte. Zuhause angekommen wurden brav die Hausaufgaben erledigt, ohne Wenn und Aber. Wir verabschiedeten uns bald von Tafel und Kreide und schrieben mit Bleistift in richtigen Heften.

Ich war ein artiger Schüler und erbrachte jede meiner Aufgaben, trotzdem erntete ich nur Tadel unter den kritischen Augen der Klosterschwestern. Es war für sie nicht akzeptabel, dass ich mit zerlumpten Hosen und ohne Schuhe an meinen Füßen zur Schule ging. Hilflos und beschämt, klein und niedergemacht wurde ich jeden Tag aufs Neue ohne Aussicht auf Besserung ausgeschimpft. „Wo nur soll ich Kleidung und Schuhwerk hernehmen?", fragte ich sechsjähriger Bub mich täglich verzweifelt. Die bösen Stimmen der Klosterschwestern hallten nachmittags noch in meinem Kopf: „Wag es ja nicht mehr, ohne Schuhe und ordentliche Bekleidung die Schule zu betreten!" Mit dieser Strenge schüchterten sie uns ein und erzogen uns nicht zu selbstbewussten sondern zu unsicheren, kleinen Menschen. Es fühlte sich schrecklich an, sich unschuldig von fremden Leuten schimpfen und tadeln zu lassen. Es war eine sehr schmerzliche Erfahrung mit der ich kaum umzugehen wusste, da es bei meiner Mutter im Armenhaus niemals grob oder böswillig zuging.

Ich hatte große Angst vor dem nächsten Schultag und wusste, dass ich mit meiner Mutter, Frau Hammer, über mein Dilemma sprechen musste. Umso größer war der Schock über die Enttäuschung, dass auch sie keinen Schimmer hatte, wie sie an Schuhe und Kleidung für mich kommen könnte. Sie teilte meine Sorgen und war sehr bedrückt darüber, sodass sie nach langem Zögern fordernd sagte: „Fritzl, geh runter zu deiner echten Mutter, sie soll dir Schuhe geben!" Mir stockte der Atem, da ich noch immer nicht damit umzugehen wusste, eine echte Mutter zu haben, die ich nicht kannte. Viel schlimmer jedoch war die Furcht vor dem nächsten Schultag, den ich ohne Schuhe bestimmt nicht überstehen würde. Allein den Weg zur leiblichen Mutter anzutreten, obwohl weder ich ihr, noch sie mir etwas bedeutete, war wohl meine einzige Wahl. Langsam und zitternd schlich ich dem Hof entgegen, auf dem meine Mutter diente, in Erwartung auf Ungewisses. Vor der großen Holztür angekommen hielt ich inne und ging in Gedanken noch einmal alles durch, was mir meine Mutter zuvor erklärt hatte. Wie ferngesteuert klopfte ich an die Tür und lauschte den Geräuschen im Haus, die plötzlich durch schnelle Schritte dominiert wurden. Zum Davonlaufen war es nun zu spät. Einen Augenaufschlag später stand die Bäuerin des Hofes vor mir, die ich wie von selbst fragte, wo Frau Eicher sei. „Du suchst deine Mutter?", entgegnete sie entzückt und erstaunt zugleich. Für mich machte es keinen Unterschied, ob sie meine leibliche Mutter oder bloß Frau Eicher war. Ich hatte eine Frau Hammer, die ich Mutter nennen durfte, und der Rest war mir egal. Ich wollte die Schuhe. „Du musst also der kleine Fritzl sein", fuhr sie fort.

Ja, der war ich, der war ich in der Tat. Bis zu meinem siebzehnten Lebensjahr, als ich beim Bundesheer erstmals meinen vollen Namen „Gottfried Eicher" auf dem Papier niedergeschrieben sah. Bis dahin wusste ich nicht, dass man aus Gottfried einen Fritzl gemacht hatte.

Meine Mutter war im Stall zu finden und hatte gerade eine Mistgabel in der Hand, als ich sie am Ende des Stalles erblickte. Der stechende Geruch des Kuhmistes stieg mir in die Nase, als ich und die Bäuerin auf sie zuschritten. Sie hatte mir den Rücken bei der Arbeit, die sie gerade verrichtete, zugekehrt. Ganz so, wie es sich auch innerlich zwischen mir und ihr bislang abgespielt hatte. „Juliane, der Fritzl ist da!", durchdrang die laute Stimme der Bäuerin nun meine Gedanken und holte mich in die unangenehme Situation zurück. Da war sie nun, meine leibliche Mutter, die sich zögernd zu uns umdrehte und mit einem kalten leeren Blick in meine Richtung sah. Ich erwartete einen Blitz, irgendeine Spannung oder dergleichen, die uns vielleicht doch auf irgendeine Weise verband. Doch da war nichts, weder Nähe noch Distanz, auch nicht Liebe oder Hass. Stattdessen meinte ich schlichte Gleichgültigkeit in ihrem Gesicht zu lesen. „Wie konnte diese Frau mich nur neun Monate in sich tragen und beim Wiedersehen nach so vielen Jahren keine Regung zeigen?", fragte ich mich ungläubig. Sie bewegte ihre Lippen und ich hörte ihre Stimme forsch fragen: „Was willst du denn?" Erschrocken senkte ich meinen Kopf und dennoch nahm ich allen Mut noch einmal zusammen, um diese fremde Frau nach Schuhen zu fragen. Schließlich wusste ich, was für mich auf dem Spiel stand und dass ich ohne Schuhe nicht in die Schule zurückkehren konnte. „Wo soll ich denn Schuhe für dich hernehmen?", war die prompte sowie unbefriedigende Antwort, die sie für mich parat hatte. Hilflos der Situation ausgeliefert stand ich nun da, sieben Jahre alt, mit nackten, in Lumpen gehüllten Füßen, in einem Kuhstall, und bat um Schuhe, obgleich ich froh sein musste, dass mir meine Mutter wenigstens das Leben geschenkt hatte. Es war einfach zum Weinen, zum Schreien und vor allem zum Flüchten.

Doch es geschah etwas Unerwartetes. Die Bäuerin sagte mit warmer Stimme:" Fritzl, ich habe Schuhe für dich!", und rettete dieses enttäuschende Gespräch, das kälter nicht hätte sein können. Meine leibliche Mutter wandte mir nun wieder schweigend den Rücken zu und beendete somit offenbar unser Gespräch und die erste Begegnung. Es ließ auch mich damals kalt und ich ging mit der Bäuerin erwartungsvoll ins Wohnhaus und ich glaubte mich nur noch wenige Schritte von meinem Ziel entfernt. Wartend saß ich in der Küche, als die Bäuerin mit fabelhaften zwei Paar Hosen, Socken und meinen dringend benötigten Schuhen auf mich zu kam und ich spürte wie meine Mundwinkel sich hochzogen wie noch nie. Unzählige Steine fielen mir vom Herzen, ich hatte das Gefühl zu schweben. Ein köstliches Butterbrot mit Honig und Rohzucker versüßte mir diesen Moment des Erfolges. Diese Frau war meine Retterin, sie gab mir das Gefühl wertvoll zu sein und war sehr großzügig. Meine Sympathie für die Bäuerin wuchs und ich mochte ihre beruhigende, nette Art, die den Raum erfüllte. Zu dieser Zeit wusste ich noch nicht, dass ich vermutlich der Sohn ihres Mannes war und sie aus diesem Grund Zuneigung zu mir verspürte. Ich genoss es einfach. Mit Eiern für das Armenhaus, die mir die Bäuerin zugesteckt hatte, lief ich aufgeregt und glücklich, auf erstmals echten Sohlen, nachhause. Frau Hammer freute sich mit mir und erlaubte mir, die nette Bäuerin unter diesen günstigen Umständen wieder zu besuchen. Am nächsten Morgen konnte ich mich ohne Angst und Beklemmung auf den Weg zur Schule machen und fühlte mich um zehn Kilo leichter. Ich schien sogar zu schweben an diesem Morgen, da ich die Klosterschwestern nicht fürchten musste, wenn sie mich in meinen Schuhen und neuen Kleidern sehen würden. Ihre Reaktion auf meine mühsam erkämpften Sachen war lediglich das Ausbleiben von Schimpfen, Hohn und Spott. Um diesen psychischen Angriffen zu entkommen, ertrug ich auch tapfer, dass meine neuen Schuhe keineswegs in meiner Größe waren und an den Zehen drückten und rieben.

Die Bäuerin wurde für mich zur rettenden Heldin, die ich jede Woche aufs Neue freudig besuchte. Sie verwöhnte mich in den gemeinsamen Stunden mit Köstlichkeiten, die ich nie zuvor gegessen hatte. Eierspeis mit Schmalz, Suppen oder Grammeln richtete sie mir an. Es war immer ein schönes Erlebnis, obgleich sich auch gelegentlich die Wege meiner Mutter Juliane mit den meinen auf dem Bauernhof kreuzten. Sie reagierte nicht im Geringsten auf meine Anwesenheit und so verwarf ich die Gedanken an diese Frau und konzentrierte mich auf die schönen Dinge, wie den Besuch bei der Bäuerin. Sie hatte ernsthaftes Interesse an mir und es baute sich mit jedem Besuch mehr und mehr eine Bindung auf. Eines Tages erklärte sie mir, dass es sich nicht gehört, mit schmutzigen Fingernägeln zu essen oder zur Schule zu gehen. Sie reinigte mir liebevoll meine Hände unter, mir bis dahin unbekanntem, fließenden Wasser. „Es ist eine Wohltat sie jede Woche besuchen zu können", dachte ich auf dem Heimweg oft still bei mir.

Ein stürmischer, kalter Herbst brachte die Wintergrüße ins Land und es fröstelte mich. Ich war im Ziegenstall mit dem Ausmisten beschäftigt, als ich mich umdrehte und erschrak: Juliane stand dort bei mir im Stall. „Was kann sie nur wollen?", fragte ich mich beunruhigt. Der Sturm fegte durch die Bretterhütte und Juliane kam näher. Die Kälte stand ihr ins Gesicht geschrieben, die Wangen gerötet und das Kopftuch weit ins Gesicht gezogen. Sie streckte ihre Hände aus und sagte mit zurückhaltender Stimme: „Hier Fritzl, diese Hauben sind für dich. Die graue nimmst du, wenn es ganz kalt ist. Probier schon ob sie dir passen!" Ich war verwirrt und probierte beide gestrickten Hauben an, wie sie es mir gesagt hatte. Sie passten genau und fühlten sich warm und wohlig an. Sie sah mich zufrieden an, lächelte kurz, und verschwand sogleich aus dem Stall. „Hat sie doch Muttergefühle in sich oder hat die Bäuerin Juliane gedrängt, mich aufzusuchen?", fragte ich mich, überwältigt von ihrem Besuch. Ich begriff dann relativ schnell, dass es keine Rolle spielte. Hauptsache war, dass mich nun zwei Hauben vor der eisigen Kälte schützten. Auch Frau Hammer lächelte bei meinem Anblick mit Haube und schnell landete das zweite Wollstück auf meinem Schlafplatz. Warm um den Kopf pfiff ich nun im Ziegenstall beim Arbeiten Schullieder vor mich hin und alles schien einfacher von der Hand zu gehen.

Als der Winter dann mit weißen Schneemassen die Landschaft einhüllte, wurde unser Schulweg beschwerlicher. Auch wenn wir diese Jahreszeit liebten, war es schwierig, mit den Sommerschuhen bis nach Gleisdorf zu gelangen, ohne dass uns die Zehen abfroren. Unsere zwei Nachbarsbuben hatten glücklicherweise Gamaschen mit denen sie einen ausgetretenen Pfad hinterließen, dem wir anschließend folgen konnten. Ich war froh dass ich nun eine Haube besaß, die zumindest meinen Kopf vor der Kälte schützte und wickelte meine Hände stets in alte Stofffetzen, um so etwas wie

Handschuhe damit herzustellen. Der Winter war hart für das einfache Volk.

Der Advent ließ nicht auf sich warten und so kam dann auch bald der Krampustag. Krampusgeschichten wurde immer als angsteinflößende Erziehungsmethode hergenommen wenn es, um das Bravsein ging. Ich fragte mich immer, warum er auch zu uns kam, obwohl wir artig waren. Es rasselten die Ketten vor der Tür und ich flüchtete mich in den Schutz meiner Mutter. Als der Spuk vorüber war, öffneten wir die Tür und fanden kleine Körbchen mit Nüssen und Feigen, die die Aufregung dann wieder vergessen ließen.

Kurz darauf folgte der Heilige Abend, ein Tag, dessen Magie wir Kinder über alles liebten. Unser Vater unternahm an diesem Tag immer einen Waldspaziergang mit uns. Wir lachten und freuten uns bei Schneeballschlachten auf den bevorstehenden Abend. Zur selben Zeit bereitete uns das Christkind zuhause einen wunderschönen Weihnachtsbaum, mit goldenen Engeln und eingewickelten Zuckerwürfeln vor. Unsere Augen strahlten, als wir singend und betend um diesen wundervollen Baum standen, und uns auf das Auspacken der Geschenke freuten. Es war ein so freudeerfüllter Raum an diesem Abend, als mir das Christkind ein Stofftaschentuch und eine Blechbüchse mit Schuhfett und Bürste gebracht hatte. Ich teilte diese mit vier meiner Geschwister. Wir saßen am Weihnachtsabend noch lange gemütlich beisammen, unterhielten uns, und lachten über meinen Vater, der seine Pfeife vergeblich suchte, da er sie bereits in seinem Mund stecken hatte. Am Christtag bekamen wir dann von der Gemeinde ein festliches Mahl gespendet.

Auch zu Ostern ließ uns die Gemeinde nicht im Stich und jeder von uns bekam einen kleinen Korb mit einem Ei und einem Stück Wurst geschenkt. Ostereier wurden auch ums Haus versteckt, die wir Kinder begeistert suchten und teilten. Schon die Palmweihe war ein aufregendes Ereignis, da unser Vater uns Palmbuschen band und wir sie zur Weihe in die Kirche tragen durften. Man nahm damals alle kirchlichen Feiertage sehr ernst und feierte sie gemäß der Tradition. Wie bei jeder christlichen Familie durfte auch bei uns der sonntägliche Kirchgang nach Gleisdorf nicht fehlen, der von unserem Vater angeführt wurde. Im Gänsemarsch folgte die neunköpfige Kinderschar unserem Vater, der pfeifenrauchend voranschritt. Mit unseren knurrenden Mägen wurden wir auf dem Nachhauseweg magisch vom leckeren Duft des Armenhauses angezogen. Unsere Mutter hatte in der Zwischenzeit das Sonntagsessen zubereitet. Es gab nur sonntags Fleisch, und daher war es immer ein wahres Festessen.

In der Schule lief es zu dieser Zeit nicht schlecht für mich. Ich kam beim Unterricht ganz gut mit und zum Ende des Schuljahres erbrachte mir der Besuch bei der Bäuerin sogar eine Schultasche, was für mich kaum zu fassen war. Am liebsten wäre ich mit der Schultasche ins Bett gegangen, so eine Freude hatte ich damit, und nun konnte ich endlich meine Schulsachen vernünftig transportieren. Dennoch zählte ich jeden Tag bis zu den Sommerferien und der Schulschluss des ersten Jahres rückte näher. Ich konnte es kaum erwarten mein Zeugnis in den Händen zu halten und die Sommerpause zu genießen.

Stolz zeigte ich meiner Mutter und später auch der Bäuerin meine gute Beurteilung in Lesen, Schreiben, Rechnen und Religion, und wurde von beiden dafür gelobt. Endlich konnte ich den Sommer genießen, musste nicht so früh aufstehen, soweit zur Schule gehen oder lernen. „Was für ein schönes Leben", dachte ich freudig bei mir. Im Sommer warteten zwar einige Aufgaben auf uns Kinder, aber wir sahen diese mehr als Spiel. Es war eine aufregende Zeit. Wir mussten Ähren einsammeln und Erdäpfel klauben und bekamen als Belohnung wieder Most zu trinken. Als es ans Mähen ging, mussten wir Burschen das Stroh zusammentragen und binden. Die Sonne brannte auf dem Rücken und der Schweiß tropfte uns von der Stirn, dennoch versuchten wir unsere Zeit so angenehm wie möglich zu verbringen. Wir machten dumme Streiche und lachten uns halb tot dabei. So versteckten wir einen Frosch im Hosensack eines Knechts oder warfen eine Blindschleiche unauffällig in die Bluse einer Magd, ließen also unserem jugendlichen Leichtsinn freien Lauf. Wir waren Kinder, die trotz der harten Arbeit Kinder geblieben waren. Ich genoss diesen wundervollen Sommer so, als ob es der letzte Sommer meines Lebens sein würde. Ich fühlte diese tiefe Liebe im Kreise meiner Familie und meiner Geschwister, nahm dieses Gefühl tief in mich auf und habe es bis heute behalten.

Die schwarze Zeit

Der Sommer ging zu Ende und ich war wieder auf dem Weg zur Bäuerin, um ihr meinen wöchentlichen Besuch abzustatten. Meine fröhlichen Pfiffe auf dem Weg in den Hof verstummten jedoch, als mich ein böser Mann in den Streustall zerrte und einen Holzstock hinter sich her schliff. Ich versuchte zu entkommen und hatte bittere Angst. Alles ging so schnell und schon hatte er mich über sein Knie gelegt, mir die Hose runtergezogen und zum ersten Hieb ausgeholt. Immer und immer wieder schlug er mit dem dicken Viehtreiberstock auf mich ein. Die Luft blieb mir weg, kaum konnte ich schreien und flehen vor Schmerz. Mein ganzer Körper zitterte, mein Geist war wie gelähmt. Gnadenlos und wütend zischte es als er mit dem Stock ausholte und ihn mit voller Wucht auf meine Haut preschen ließ. Ich höre ihn heute, über 60 Jahre später, noch keuchen vor Anstrengung und rieche förmlich noch seinen Schweiß, den ihm diese grausame Tat aus den Poren trieb. Als die Qualen kein Ende zu nehmen schienen, schloss ich die Augen und flehte Gott um Hilfe an. Erschöpft und verängstigt entglitt mir in diesem Moment mein Bewusstsein. Der dumpfe Aufprall auf den Boden ließ mich wieder zu mir finden. Mein Peiniger hatte von mir abgelassen und ich fiel zu Boden. Ich spürte wie das warme Blut aus meinen schmerzenden Wunden über mein Gesäß lief und mein Körper vor Schmerz und Fassungslosigkeit zuckte.

Dieser primitive Bauer vom Hof, wie ich später erfuhr, war verschwunden, als er seine Wut abreagiert hatte, und ich blieb am Boden der Streuhütte zurück. Doch ich war nicht alleine gewesen, – ein Junge stand in der Ecke und hatte diesem Treiben tatenlos zugeschaut. Er kam nun zu mir heran und ich erschrak, als er mich anfasste. Was wollte der denn jetzt? Warum hatte er mir nicht zur Seite gestanden? Doch für Fragen blieb keine Zeit, er half mir hoch und zog mir meine Hose wieder hinauf. Meine verquollenen Augen meinten den Sohn des Bauern zu erkennen. Hinkend und verzweifelt suchte ich das Weite und rannte, so schnell es mir möglich war, nachhause. Ich fiel meiner Mutter, Frau Hammer, weinend in die Arme und anschließend behandelte sie mein verletztes Gesäß fürsorglich mit Schmalz. Ich konnte mich kaum fangen, zu grausam und unverständlich war dieses Geschehnis für mich gewesen. Dennoch sollte alles noch viel schlimmer kommen.

Tage später standen Frau Eicher, meine leibliche Mutter, und mein angeblicher leiblicher Vater, Herr Eicher, vor der Haustür und forderten, dass ich mit ihnen gehen müsse. Ich fiel aus allen Wolken, die mir bis dahin noch geblieben waren, und klammerte mich an meine einzige wahre Mutter, Frau Hammer. Ich sah die Tränen und die Angst in ihren Augen, als mein fester Griff sich von ihr löste und ich weggerissen wurde von meiner Mutter, meiner Familie, meiner Heimat und meiner Zufluchtsstätte. Die Angst und Panik in mir nahmen überhand, ich war fassungslos und zu tiefst erschüttert. Keinem meiner Geschwister konnte ich Auf Wiedersehen sagen. Tief in mir spürte ich doch, dass es ein Abschied für immer war, ohne Happy End, und dennoch geschah es.

Meine leiblichen Eltern zerrten mich zu Fuß nach Glawoggen, wo ich bei einem kinderlosen Landwirt arbeiten sollte. Jugendliche Dienstboten arbeiteten damals für Kost und Gewand und waren preiswerte Arbeitstiere, die man unter Stillschweigen der Gesellschaft ihrer Kindheit beraubte. Niemand störte sich daran, dass Kinder in diesem Alter schon schwere Arbeit verrichten mussten, ohne Zeit für Spiel, Freude, Zuneigung und Entwicklung. Ich wusste zu diesem Zeitpunkt noch nichts von meinem schweren Los und folgte den Eichers widerwillig. Doch Herr Eicher zog mich zeitweilig hinter sich her, und ermahnte mich, weiterzugehen. Doch ich hatte kein Ziel vor Augen, das mich antrieb, schneller voranzukommen. Im Gegenteil, ich schaute mich um, wie weit ich schon von zuhause „entfernt worden" war. Bald darauf fanden wir uns auf dem Hof des Landwirtes ein. Ein großer Misthaufen mit zugehörigem Plumpsklo bildete die Mitte des Hofes, dessen Wohnhaus aus reinem Holz gezimmert war. „Grüß Gott!", quälte ich über meine Lippen, als mich meine Eltern dazu aufforderten. Der Bauer hatte seinen Hut weit ins Gesicht gezogen und erwartete uns bereits, wie auch seine Frau, die am Kachelofen saß und mit einem sogenannten Wurmfinger, der dick eingebunden war, zu kämpfen hatte. Sie hatte sich ihre Verletzung, wie ich später erfuhr, im Schweinestall zugezogen und ihre Wunde bei dieser Arbeit verunreinigt. Nun war der Finger dick geschwollen und infiziert und sie konnte nicht mehr so schwer arbeiten. Diese mollige Frau, bei deren Anblick ich erschrak, sagte beruhigend zu mir: „Bub, du brauchst keine Angst haben, es wird dir hier nichts geschehen." Das waren sie also, die ersten Worte meiner Ziehmutter Nummer zwei, während ich nur an Ziehmutter Nummer eins, meine Mutter aus dem Armenhaus, Frau Hammer, denken konnte.

Der Bauer, mein neuer Ziehvater, besaß, eine 14 Joch große Wirtschaft, von der er uns stolz Schweinestall, Kuhstall, Tenne, Holzhütte und Dachboden zeigte. Danach verschwanden Herr und Frau Eicher in der Finsternis auf den Weg nachhause und ließen mich in der Fremde zurück. Meinen vermeintlich leiblichen vater hatte ich zum ersten Mal gesehen, als er mich hierher verschleppte, und daher wunderte ich mich nicht über seinen kühlen Hände- druck und die Aufforderung, alles zu tun, was von mir verlangt würde. Meine leibliche Mutter Juliane zeigte jedoch beim Abschied genauso viel Gefühl wie ihr Mann, und ich frage mich noch heute, wie man so kalt sein kann. Verloren sah ich ihnen hinterher und wusste nicht wie mir geschah. Die Ohnmacht wurde immer größer und meine Gedanken drohten mich zu ersticken. Es blieb mir nur noch abzuschalten, nichts zu fühlen und in die Leere zu schauen.

Nachdem mich der Bauer in mein Schlafzimmer oder besser ge- sagt Verlies gebracht hatte, sah ich durch die Gitterstäbe, die außen am Fenster angebracht waren, hinaus, und ich fühlte noch einmal mehr, dass ich von meiner Familie weggesperrt wurde. In dem kleinen Zimmer waren ein Bett, ein alter Kasten, ein Tisch und ein Sessel und es wirkte kühl und einschüchternd auf mich. Doch lange würde ich mich dort nicht aufhalten, wartete doch so viel Arbeit auf mich. Ausgestattet mit einer Kniehose und alten Schlapfen folgte ich wenig später dem Bauern in den Stall. Als erste Lektion ließ er mich wissen: „Ich zeige dir nun, wie man mit einer Mistgabel umgeht und wie man die Tiere putzt.". Angestrengt versuchte ich mir alles zu merken, und das Gesagte wie ein Schwamm aufzusaugen. Ich dachte damals, dass ich irgendwann nachhause gehen könnte, sollte ich meine Arbeit gut verrichten und ich motivierte mich mit dieser vagen Vermutung.

Bald brach die erste Nacht über uns herein und ich war allein in meinem Schlafzimmer. Ein Nachthemd von meiner neuen Stiefmutter sollte mich wärmen, obgleich ich früher zwischen meinen acht Geschwistern darauf hatte verzichten können. Diese Nestwärme und das unbekümmerte Gefühl im Kreise meiner Familie wichen tiefer Einsamkeit und einem knarrendem Bett, das mich immer wieder aufs Neue zusammenzucken ließ. Es war mir unmöglich, unter diesen beängstigenden Umständen meine Augen zuzumachen oder gar an Schlaf zu denken. Ich war acht Jahre alt, fern von der Heimat und der Familie, bei Menschen, die mich zum Arbeiten benutzten. „Was ist das für eine verkehrte Welt?", dachte ich und weinte mich in den Schlaf, aus dem ich schweißnass immer wieder aufschreckte. Die kreisenden Gedanken daran, dass mich kürzlich noch der Bauer am Hof meiner leiblichen Mutter schwer misshandelt und mich nun auch noch alle geliebten Menschen verlassen hatten, brachten mich fast um meinen Verstand. Plötzlich riss mich ein schrilles Geräusch auf, das ich nun jeden Morgen hören sollte. Der Hahn krähte und meine Zimmertür wurde sogleich aufgestoßen und ich zur Arbeit im Stall abgeholt. Ich konnte kaum sehen, das Licht brannte in meinen verweinten Augen.

Es half alles nichts, der Bauer fütterte die Kühe und ich hatte in der Zwischenzeit die Scheibtruhe mit dem Mist nach draußen zu schieben. Mein Fliegengewicht war nicht sehr hilfreich bei dieser schweren Arbeit – ich konnte nur die halbe Fuhre stemmen und musste die Scheibtruhe daher doppelt so oft hin- und herschieben. Als ich von dieser Arbeit bereits völlig erschöpft war kam meine Ziehmutter in den Stall und unterwies mich im Kühe melken, das sie selbst durch ihren verletzten Finger nicht verrichten konnte. Auch das Stroh war noch in einen Korb zu werfen und wartete darauf in den Stall geschleppt zu werden. Schwindelig vor Hunger trank ich, um bei Kräften zu bleiben, heimlich ein Schlückchen Milch, das ich zuvor gemolken hatte. Nach getaner Arbeit gab es Gott sei Dank Frühstück! Das Butterbrot, das man mir reichte, verschlang ich im Nu. Ehe ich mich versah, fuhr ich schon mit dem Bauern auf den Acker, um ihm dort weiter zur Hand zu gehen. Dazu wurden die Kühe in ein Joch gespannt, die so unseren Wagen zogen. Für mich war es das erste Mal, dass ich auf einem Wagen mitfuhr. Wir luden das gemähte Gras auf, das anschließend zu Heu trocknen und als Futter für die Kälber verwendet werden musste.

Die weiteren Nächte fiel ich todmüde in mein Bett und der Schlaf übermannte mich vor Erschöpfung. Der Bauer war zunächst zufrieden mit meiner Leistung und war froh, dass ich ihm so tatkräftig zur Hand ging. Einige meiner Aufgaben waren unter anderem auch Holz von der Hütte ins Wohnhaus zu tragen zum Heizen und Kochen, oder schwere Wassereimer vom Schöpfbrunnen am Waldrand ins Haus zu schleppen. Wenn ich den alten Holzkübel schnell anheben wollte, bekam ich Übergewicht und taumelte nach vorne. Es kostete mich alle Kraft, um ihn in die Küche zu tragen und dabei schnitten mir die Griffe tief in meine kleinen Hände. Zwei Mal täglich hatte ich diese unangenehme Arbeit für die Küche und auch den Stall zu verrichten. Als ich unter dieser schweren Last einmal zusammenbrach, wies mich der Bauer an, den Kübel nur halb zu füllen und öfter zu gehen. Dieser Gedanke war auch mir gekommen, doch der Holzeimer allein hatte schon ein Leergewicht wie ein heutiger, voller Plastikeimer und würde mich auch so zur Erschöpfung treiben.

Ich befand mich allmählich in einer monotonen Zeitschleife, der Tag begann und endete mit schwerer Arbeit und laugte mich aus. Zuerst hatte ich mich in die Arbeit gestürzt, um meinen traurigen, gebrochenen Geist abzulenken und keine Zeit zum Grübeln zu haben. Als diese erste Phase vorüber war, kam mir der Gedanke, dass in drei Wochen die Schule wieder beginnen, und mich von der schweren Last der Hofarbeit befreien würde. Ich biss durch und dachte nur noch an den ersten Schultag, dem ich entgegenfieberte.

Der ersehnte Tag war angebrochen. Meine neue Stiefmutter brachte mich zur Schule und mir wurde klar, dass ich meine Geschwister und Freunde nicht wiedersehen würde. Die Gleisdorfer Schule war für mich anscheinend erledigt und ich musste nun in die Schule in St. Margarethen gehen, wo ich niemanden kannte und mir niemand helfen würde. Die große Hoffnung, meine geliebten Geschwister in die Arme zu schließen, und ihnen alles zu erzählen, versiegte im Nichts.

In der neuen Schule ging es in etwa im gleichen Ton zu, wie in der Gleisdorfer Schule. Wir hatten zwei Lehrerinnen die mit ihrem lauten Organ unsere Ohren zum Hallen brachten. Jeden Morgen mussten wir stehend ein Vaterunser beten und nach einem lauten „Setzen!" anstelle eines „Guten Morgen"-Grußes durften wir uns auf den Sesseln niederlassen. Der Schultag wurde auch mit einem Gebet geschlossen. Wortlos verbrachten wir die Schulstunden und hatten aufmerksam dem Unterricht zu folgen. Gehorsam war wieder einmal das oberste Gebot. Ich litt unter den lauten Tönen der Lehrerinnen und verstand nicht, warum sie nicht normal mit uns sprechen konnten. Die eine war aus Graz und ganz schön angestrichen im Gesicht. Sie sah aus wie ein Papagei und diese viele Schminke war man hier am Land auch nicht gewöhnt. Ich mochte sie nicht. Die andere Lehrerin war etwas ruhiger und normaler für meinen Begriff, und daher war sie mir die liebere von den Zweien. Die Länge meines neuen Schulweges unterschied sich auch nicht maßgeblich von meinem Alten und ich konnte ihn mit zwei Nachbarsburschen gemeinsam bestreiten. Sie konnten mir nicht meine Geschwister ersetzen, aber immerhin hatte ich wieder jemanden zum Reden und war nicht ganz allein, wie ich es zuvor gewesen war. Zum Schulstart bekamen wir eine Liste mit Schulsachen, die mir meine Ziehmutter mit größter Mühe nach zwei Wochen erst vollständig besorgen konnte. Es waren drei Hefte, ein Bleistift und Tinte, obgleich ich keine Füllfeder zum Eintunken hatte…

Von der Schule nachhause gekommen fragte meine Ziehmutter gleich, ob ich Hausaufgaben aufbekommen hätte und wies mich an, diese zu erledigen, bevor ich mich in meine Arbeitskluft schwingen müsse, um die liegengebliebene Arbeit zu verrichten. „Mach es gewissenhaft und trödle nicht!", kam mir von der fordernden Stimme meines Stiefvaters zu Ohren. Jede Minute meines Daseins hatte ich zu funktionieren, zu beten, zu lernen und zu arbeiten. Freizeit gab es nicht, freie Gedanken und Meinungen ebenso wenig. Auch wenn mein Leben lückenlos mit Anforderungen an mich ausgefüllt war, bahnten sich nachts die traurigen Erinnerungen an meine Familie ihren Weg zu meinem Bewusstsein und stimmten mich untröstlich. Wenn ich der einen oder anderen Erinnerung Raum gab und sie zuließ, überrollte mich ein Wogen der Hoffnungslosigkeit und nahm mir den Atem zu Leben. Es tat so weh, dass ich bis heute keine Worte dafür finden kann. Die dunklen Minuten vor dem Einschlafen, sie waren es die mich jede Nacht zum Weinen zwangen, um die Traurigkeit aus mir heraussprudeln zu lassen. Doch mein Inneres schien eine unversiegbare Quelle der Traurigkeit zu sein, und so weinte ich jede Nacht in meine Strohpölster und flüchtete in den Schlaf, der mir Herberge geben konnte.

Oft malte ich mir aus, was meine Familie gerade ohne mich erlebte, und wie es ihnen erging. Ob sie gerade dicht aneinander schliefen oder die Kinder sich noch Geschichten erzählten, all so was kam mir in den Sinn, obwohl ich es nie erfahren würde. Denn ich war nun kein Teil mehr dieser wunderbaren Familie im Armenhaus, genau genommen war ich kein Teil mehr von irgendwas. Ich war nur noch ein Arbeitstier das momentan in Glawoggen eingesetzt und Gott weiß wohin noch gebracht werden würde. Ich wurde gelenkt vom Stiefvater und den Lehrerinnen, die mein Leben gestalteten und ich konnte sie nur gewähren lassen und wie eine Handpuppe dem Geschehen folgen.

Als der erste Schnee vom Himmel fiel, bemerkte ich erst wieder den Lauf der Zeit, und dass die Tage vergingen und die Erde sich noch zu drehen schien. Ganz ohne mein Zutun. Der Winter war wieder hart und klirrend kalt, aber immer wenn die Witterung es zuließ musste ich hinaus in den Wald, um das schlechte Holz aufzuarbeiten, zu zerkleinern und nachhause zu tragen. Die großen Stücke schnitt der Stiefvater mit der Kreissäge und das Übrige hatte ich mit der Hacke zu bearbeiten. Es war eisig kalt, doch bei dieser Arbeit kam man ins Schwitzen. So schweißtreibend sie war, so gefährlich gestaltete sich die Holzarbeit damals für mich. Oft kam ich mit der Hacke ab und schlug mir auf meine Finger und einige Male spaltete ich mir einen Fingernagel. Es tat höllisch weh und ich blutete stark. Doch die damalige Wundversorgung war sehr gewöhnungsbedürftig. Man ließ sich den eigenen Urin zum Desinfizieren über die Wunde rinnen und tauchte diese anschließend in Pechöl, gemäß dem Ausspruch: „Hauptsache es hilft!" Obwohl in jener Zeit einige Menschen an Wundstarrkrampf verstarben, war das die gängige Praktik, sich zu behandeln.

Es kam ein Tag um Neujahr herum, an dem ich mich nach der Stallarbeit und der anschließenden, angebrachten Körperpflege in die Kirche aufmachen musste. Beten musste man eben das ganze Jahr über. Danach hatte ich in wundersamer Weise den Nachmittag frei. Diese seltenen Stunden musste ich mit vollen Zügen genießen, um wieder Kraft für die karge Alltagsarbeit zu tanken. Ich hatte die Möglichkeit, mit den Nachbarsburschen auf einem Schlitten die steilen Hänge hinunter zu flitzen. Es war herrlich, eigentlich unbeschreiblich und unwirklich. Wir freuten, lachten und lebten in diesem Augenblick wieder. Als es dämmerte, bemerkte ich erst wie durchgefroren mein Körper doch war. Dieser schöne Nachmittag war zu Ende gegangen und die Arbeit rief nach mir.

Als ich das Vieh fütterte, hatte ich das furchtbare Gefühl, meine Zehen wären in meinen viel zu kleinen Schuhen bereits abgefroren. Ich zog die schmerzenden Füße aus den Schuhen und sah wie weiß sie vor Durchblutungsmangel waren. Ich wusste mir nicht mehr anders zu helfen, als meine starren Zehen in den Wasserbehälter im Stall zu halten, der sich durch die Stalltemperatur lauwarm erwärmt hatte. Ich weiß noch wie gut es tat, und dass sich die Zehen bald darauf wieder rosig färbten. Leider spürte ich in jenen Moment dass die bösen Blicke meines Stiefvaters auf mir ruhen und dass mir Schlimmes blühen würde. Ich erschrak als er mit mir schrie und mich dazu zwang, den gesamten Wasserbehälter auf den Misthaufen zu leeren und neues Wasser vom Schöpfbrunnen in den Stall zu schleppen. Meine gerade erwärmten Füße wieder in die durchfrorenen Schuhe zu quetschen, und in der Dämmerung die vielen schweren Eimer zu tragen, ließen mich vor Verzweiflung weinen und schluchzen. Als diese Qualen endlich vorüber waren, kroch ich gedemütigt und mit vor Kälte schmerzverzerrtem Gesicht unter die Bettdecke in meinem Schlafzimmer und flüchtete schnellstmöglich in die Welt der Träume. Ich konnte meinen zitternden Körper ohnehin nicht mehr spüren…

So verflogen die Tage wieder in dieser ausweglosen Situation bis hin zu den Osterfeiertagen 1950, an denen meine Ziehmutter erkrankte. Wir hatten inzwischen schon ein gutes Verhältnis aufgebaut, und ich wusste, ohne sie wäre ich auf diesem Hof bei diesem eiskalten Bauern verloren. Ich nahm sie als neue Ziehmutter an, da mir keine Wahl blieb und sie kümmerte sich auch nach ihren Möglichkeiten um mich. Jedenfalls verschlechterte sich ihr Gesundheitszustand zunehmend, sie konnte nicht mehr aufstehen und war schon ganz blass. Damals war die medizinische Versorgung sehr schlecht, und man versuchte mit Hausmitteln „herumzudoktern". Als sich mein Stiefvater nicht mehr zu helfen wusste, holte er seine Mutter an den Hof. Sie war Witwe und hatte auch einen Jungen bei sich aufgenommen. Sie kochte für uns und versorgte meine Ziehmutter mit dem Nötigsten. Die Besserung blieb aus, man verschanzte ihr Zimmer und ich durfte trotz Betteln und Flehen nicht zu ihr. Ich wollte sie trösten, vor allem wollte ich begreifen, warum es ihr so schlecht ging und ob man noch etwas für sie tun konnte. Sie tat mir so leid und es machte mich sehr traurig nicht zu ihr zu können. Wieder war ich ohnmächtig, etwas zu tun. Ich hörte es durchdringen, dass meine Stiefmutter an Wassersucht erkrankt war. Bald schon musste der Arzt gerufen werden und meine Anspannung und Sorge um sie, stieg von Minute zu Minute. Der Arzt stach ihr in den Brustkorb um Wasser abzulassen, soviel hatte ich mitbekommen, helfen konnte er ihr jedoch auch nicht. Ich verstand die Welt nicht, schließlich betete ich jeden Tag für sie und versprach Gott, alles zu tun was nötig sei, wenn er sie nur am Leben ließe.

Eines Tages holte man mich von der Holzarbeit herein und mir schwante Böses. Ich war neun Jahre alt und fand mich am Sterbebett meiner Stiefmutter wieder, deren Brustkorb sich nur noch langsam hob und senkte. Ich konnte es nicht fassen, dass mich nun meine dritte Mutter verlassen würde. Sie war bleich, ihr Gesicht war eingefallen und leer und ich hörte wie sie röchelte und erschöpft um Luft rang. Es war ein grausiges Bild, das sich in meinen Kopf brannte. Hilflos stand ich da und starrte sie mit Tränen in den Augen an. Langsam und schwerfällig öffnete sie ihre müden Augen und schaute mich durchdringend an. Mit letzter Kraft packte sie mich am Arm und hielt mich fest. „Fritzl, was machst du nur ohne mich wenn ich sterbe?", hauchte sie leise und verabschiedete sich mit diesem Satz von mir und ihrem Leben. „Ich weiß es nicht", entgegnete ich ihr erschüttert und tief getroffen von ihren ehrlichen und letzten Worten. Es war Sonntag der 2. Juni 1950 um 08:30 Uhr morgens, als ich verlassen an ihrem Totenbett stand. Ich erinnere mich an diesen schwarzen Tag, als wäre es gestern gewesen. Ihre Augen waren inzwischen zugefallen und öffneten sich niemals wieder. Ich erinnerte mich an ihre ersten Worte die mich damals beruhigen hätten sollen: „Fritzl, hab keine Angst, es wird dir hier nichts geschehen." Dagegen wirkten die letzten an mich gerichteten Worte, „Fritzl, was machst du nur ohne mich?", sehr bedrohlich. In ihrer letzten Stunde gab es wohl keinen Grund mehr, meine missliche Lage, nun auch noch allein mit dem harten Bauern, zu verharmlosen. Er hatte mich zu ihren Lebzeiten schon so geschunden und geschimpft, es gab allen Grund für sie und auch mich, nun Schlimmeres anzunehmen. Ich weinte und klagte und konnte mein Schicksal kaum glauben und noch weniger tragen. Meine Stiefmutter Nummer zwei hatte mich verlassen und ich erlebte die darauffolgenden Tage wie durch Nebelschwaden. Ich lebte eigentlich nicht mehr, meine Arme und Beine bewegten sich, aber das war längst nicht mehr ich.

Meine Ziehmutter wurde, wie für die damalige Zeit üblich, zuhause in ihrem Zimmer aufgebahrt, die Angehörigen zündeten Kerzen an und man traf sich zum Beten an ihrem Bett, bis sie von hier aus zu Grabe getragen wurde. Es war eine Zeit voller Schmerz, Leid und Finsternis in der ich immer wieder mit dieser Situation haderte und nicht glauben wollte, dass all meine Mühen für sie, im stillen Gebet, bei Gott kein Gehör gefunden hatten. Öfter stand ich bei ihr im Zimmer und hoffte, trotz aussichtsloser Lage, dass ein Wunder sie mir wieder zurückbringen würde. Drei Tage später wurde sie auf einem Wagen mit zwei vorgespannten Pferden zum Begräbnis gefahren und ich konnte sie nicht mehr in ihrem Zimmer aufsuchen. Sie war nun für immer weg. Ich folgte dem Sarg auf dem schaukelnden Pferdewagen an der Seite meines Stiefvaters und vergoss unzählige Tränen, die langsam mein inneres Licht zu ersticken drohten. Ich konnte den Blick auf diese Holzkiste nicht ertragen. Ich wollte einfach nur mit ihr gehen. Mich hielt nichts, weder die Einsamkeit noch die schwere Arbeit. Die Blicke von mir und dem Bauern ruhten auf dem Sarg, als er ins Grab hinuntergelassen wurde und mein Stiefvater betroffen erwähnte: „Jetzt sind wir ganz alleine." Diese Worte trafen mich, wie die letzten Worte seiner Frau mich getroffen hatten, mitten ins Herz. Ich wusste, das Leben würde weitergehen, weil es bisher immer weitergegangen war. Ich war lediglich müde geworden von diesen vielen aufeinanderfolgenden Schicksalsschlägen und wollte und konnte keine weiteren Lasten mehr auf mich nehmen. Ich dachte, ich würde unter jedem weiteren Gramm auf meinen Schultern zusammenbrechen und meiner Stiefmutter folgen. Die Arbeit am Hof ließ keine Minute auf sich warten und die Welt drehte sich wieder gnadenlos weiter, wie sie es zuvor schon getan hatte.

Die dritte (Stief)mutter

Ihre zarte Erscheinung stand bald nach dem Tod meiner Zieh-mutter in meinem Zimmer, als ich bereits am Einschlafen war. Mein Stiefvater stellte sie als Maria vor, die Frau die meine letzte Stiefmutter ersetzen würde. Ich war verwirrt. Konnte man denn eine Mutter ersetzen? In den Augen des Bauers ging das offenbar. Sie hatte eine sanfte Stimme und schien es gut mit mir zu meinen. Mein Stiefvater fuhr fort und verlautete, dass es bald eine Hochzeit geben würde. So befremdlich das alles zunächst war, so schnell freundete ich mich auch mit der Situation an, denn ich war ein Kind und hatte keine Mutter, die sich um mich sorgte. Außerdem kamen wir mit der vielen Arbeit zu zweit fast nicht mehr um die Runden und ich hoffte,, sie würde uns einiges abnehmen können, sodass wir unser Leben wieder leichter meistern könnten.

In den Wochen vor der Heirat wurde viel geplant und es gab ei-niges zu tun. Ich bemerkte auch, dass der Bauer sich spät nachts aus dem Staub machte und früh morgens wieder zum Hof kam. Das war sein Weg, den zwölf Geboten unseres Glaubens heimlich aus dem Weg zu gehen. Auch die Art, wie er mit den Lebewesen auf Gottes Erdboden zu verfahren pflegte, hatte nichts Christliches an sich. Er schlug unsere Nutztiere aufs Brutalste, fluchte, und schindete auch mich, einen kleinen Buben, wie einen Knecht. In den Nächten, in denen er wohl bei Maria schlief, konnte ich mich im Haus guten Gewissens bewegen und war richtig froh darüber. Ich lernte schnell, mir selbst eine Jause aus Milch und eingebrock-tem Brot zu machen und kochte auch hin und wieder Selchfleisch aus der Selchkammer. Ich war noch sehr klein und dennoch lernte ich schnell für mich zu sorgen und mein Leben im Griff zu halten. Es war schon früh zu meiner einzigen Überlebensstrategie gewor-den und ich wollte dem Unglück standhalten bis ich endlich befreit werden würde.

Der Tag der Vermählung stand ins Haus. Mehlspeisen wurde gebacken und die Pferde mit der Kutsche, die meine Stiefmutter vor nicht allzu langer Zeit noch zu Grabe gezogen hatten, warteten nun aufs neue Brautpaar.

Diese Mal war die Kutsche festlich geschmückt und wurde umjubelt und nicht um klagt. Es schien nichts einen sentimentalen Wert zu haben. Man lebte einfach und wenn etwas zu Ende ging wurde eben an derselben Stelle neu weitergemacht. Es herrschten raue Sitten und für Gefühle war nicht viel Platz. Ich hatte mich auf die Hochzeit gefreut, da ich so einem Ereignis noch nie beigewohnt hatte. Mein Platz war vorne neben dem Kutscher, was mich in diesem Moment mit Stolz erfüllte. Ich war an diesem Tag Teil einer neuen Familie geworden und fühlte mich wieder zugehörig, auch wenn ich Frau Hammer und die Armenhausfamilie unbändig vermisste und auch den Tod meiner Ziehmutter noch nicht verschmerzen konnte. Nach der Trauung vor Gott und der Hochzeitsgesellschaft gab es noch einen herrlichen Hochzeitsschmaus. Es wurde gelacht, getanzt und herzhaft geschlemmt. Jede Minute dieses Tages genoss ich mit Haut und Haaren. Es war ein besonderes Ereignis, das nicht wiederkehren würde. Am frühen Abend war das lustige Feiern für mich und den Nachbarsbuben zu Ende. Es war Zeit nachhause zu gehen, sich um den Hof zu kümmern und die Tiere zu füttern, dennoch war ich sehr dankbar für diesen schönen, ereignisreichen Tag.

Es stellte sich heraus, dass Maria uns gut unter die Arme griff und das Leben so für uns alle etwas einfacher wurde. Ich lernte sie schnell besser kennen und bald auch lieben. Nach einiger Zeit klagte sie öfter über Bauchschmerzen und Übelkeit und rannte hastig zum Plumpsklo. Ich hatte keine Ahnung was ihr fehlte, bis man mir sagte, ich würde ein Geschwisterchen bekommen. Maria war vom Bauern also schon schwanger.

Eines Tages sah ich eine Frau, die sich auf dem Fahrrad abmühte, als ich auf dem Feld arbeiten musste. Sie kam immer näher und rief mir zu, dass Maria in den Wehen liegen würde und sie die Hebamme sei, die auch mich schon auf die Welt gebracht hatte. Erstaunt darüber, dass sie meinen Namen noch wusste, sah ich ihr nach, wie sie Richtung Hof steuerte. Dann kam mir der Gedanke, dass viele Frauen bei der Geburt starben, weil sie medizinisch nicht versorgt wurden und bangte um Maria und ihr erstes Kind.

Ich war so gespannt, als ich von der Feldarbeit nachhause kam, doch ich durfte weder Maria noch ihr Neugeborenes sehen. Man sagte mir, sie habe einen gesunden Sohn zur Welt gebracht der den Namen des Bauern tragen würde. Johann, mein Ziehgeschwisterchen war also wohlauf. Einige Tage später konnte ich endlich zu Maria und dem winzigen neuen Geschöpf unseres Hofes ins Zimmer. Er war überwältigend, dieses kleine, zarte Baby das zunächst bei den Eltern im Zimmer schlief aber bereits nach drei Monaten in mein Zimmer verfrachtet wurde. Man erklärte mir inständig, das Kind nicht anzufassen und es in seinem Bettchen liegen zu lassen. Nachts, wenn es nicht schlafen konnte, gab ich ihm den Schnuller zurück in den Mund und betrachtete, wie es zufrieden einschlief. Ich bedauerte, selbst nicht mehr in diesem Zustand des Essens, Schlafens und Umsorgt Werdens zu sein. Johann war ein Geschenk Gottes und auch ein lieber Mitbewohner meines Schlafzimmers, doch mein Leben änderte sich durch seine Ankunft wieder drastisch.

Der Bauer hatte nun einen eigenen Sohn, sein eigen Fleisch und Blut und nun seinen ganzen Stolz auf ihn gerichtet. Er verlor den letzten Funken, den er auf mich gehalten hatte und begann immer mehr mich und meine Arbeit zu bemängeln und zu kritisieren, die einwandfrei gewesen war. Ich hörte den Hass aus seiner Stimme, der immer lauter wurde und er schlug immer öfter grundlos zu. Ich versuchte mit aller Kraft, ihm jeden Wunsch von den Augen abzulesen und alles nach bestem Wissen zu erfüllen. Doch alle

Mühe war vergebens. Früher hatte er sich immer an dem armen Vieh im Stall abreagiert und dieses mit dem Stock furchtbar gedroschen. Nun richtete er seine zügellose Aggression hauptsächlich gegen mich und nach und nach auch gegen seine neue Frau, Maria. Diese immer grausamer werdenden Verhaltensweisen waren jedoch nur Vorboten für einen mir noch bevorstehenden Kampf ums Überleben auf diesem Hof und dieser, bis dahin für mich enttäuschenden, Welt.

Der Himmel verdunkelte sich

Es war an einem Tag etwa zwei Jahre nach der Geburt von Johann, ich kam von der Schule nachhause und schlich in die Küche, um meine Hausaufgaben zu erledigen und meinen Pflichten ordnungsgemäß nachzugehen. Laute Schritte im Gang kamen näher, und plötzlich stand der Bauer vor mir und schlug mich mit einer Selbstverständlichkeit mit der geballten Faust vom Sessel. Es blieb mir keine Zeit über ein mögliches Fehlverhalten meinerseits nachzudenken. Schon ertönte ein lauter Knall, mein Kopf schlug auf den Holzfußboden und ich blieb wehrlos liegen. Ich sah den zornroten Kopf des Bauern über mir, als Maria mir zur Hilfe eilen wollte. Doch dies war ein schwerer Fehler. Seine Faust traf auch sie so stark, dass sie gegen den Holzbottich prallte, den wir zum Geschirrabwaschen benutzten. Mit einem schrillen, schmerzverzerrten Schrei ging sie zu Boden und ich erstarrte vor Schreck. Was war nur geschehen?

Ich flüchtete mit nasser Hose vor Angst hinter den Ofen, als Maria sich mühselig hochkämpfte und aus der Küche flüchtete. Ich hatte schreckliche Angst, Angst um mich und Angst um sie. Es schien eine Ewigkeit zu vergehen hinter dem Ofen, allein mit dem Schmerz. Ich konnte mich kaum bewegen, zitternd, wimmernd vernahm ich aufgeregte Schritte draußen am Gang. Als sie verstummten, wagte ich mich langsam aus meinem Versteck. Vor Schmerz konnte ich kaum aufstehen, geschweige denn die Küche verlassen. Als ich mich auf dem Gang wiederfand erstarrten meine Blicke, die ich zu Boden gesenkt hatte. Eine Blutspur zierte den gebrannten Ziegelboden. Ich wagte nicht, ihr zu folgen sondern schloff sofort wieder hinter den Ofen, der mir etwas Sicherheit bot und malte mir aus, was dies zu bedeuten haben könnte. War es Marias Blut? Hatte der Bauer seine eigene Frau so schlimm verwundet? Ich wusste es nicht, ich wusste nur, dass ich in diesem

Haus nicht mehr lange sicher war. Draußen hörte ich Stimmen, die durcheinander redeten, Türen fielen laut ins Schloss und ein Auto fuhr in unsere Einfahrt. Angestrengt versuchte ich, Wortfetzen zu verstehen und zu interpretieren. Plötzlich riss jemand die Tür auf und ich war wieder in Alarmbereitschaft, mein eigenes Leben zu schützen. Ich konnte die Schwester des Bauern erkennen, wie sie heißes Wasser aufsetzte. Meine Gedanken kreisten ängstlich, verwirrt um die seltsamen Vorgänge und wurden abermals durch das hastige Öffnen der Küchentür unterbrochen. Wortlos betrat ein Mann den Raum. Er hatte blutige Hände und ich meinte einen Fleischklumpen darin erkennen zu können. Ich riss meine Augen weit auf und traute meinen Augen kaum. Was war da nur in seinen Händen? Als er in Richtung Ofen steuerte, erkannte ich ihn, es war der Arzt. Die Schwester des Bauern öffnete geschwind die knarrende Ofentür und der Arzt warf den Fleischklumpen ins lodernde Feuer. Ich spürte dass etwas im Argen lag und die Angst umhüllte mich mit einem dicken Schleier. Anschließend sah ich wie der Arzt seine Hände im vorbereiteten, heißen Wasser reinwusch.

Als die Stimmen im Wohnhaus verstummten, wagte ich mich lautlos aus dem Versteck und folgte der Blutspur vorsichtig. Ich ahnte bereits, wohin sie mich führen würde. Meine Befürchtungen wurden wahr, als ich vor Marias Zimmer stand. Ich schaute langsam hinein und sah Maria reglos an die Decke starrend liegen. Der Schrecken nagte an meinen Gliedern, als ich mich zu ihr ans Bett wagte. Sie tat mir so unendlich leid. Sie hatte so etwas Schreckliches nicht verdient. Wir beide hatten das nicht verdient.

Machtlos stand ich da und konnte uns beiden nicht helfen. Ihr Blick war tot und leer. Man sagte mir, sie sei krank. Heute kenne ich die brutale Wahrheit. Der Bauer hatte seine offenbar die schwangere Maria so stark geprügelt, dass er ihr gemeinsames Kind im Mutterleib zu Tode gebracht hatte. Der Arzt hat das tote Kind wohl geholt und den Flammen unseres Küchenofens übergeben. Das Ungeborene wurde regelrecht durch die Faust seines Erzeugers getötet und verheizt. Dieses Vorkommnis wird für mich immer unfassbar bleiben und spiegelt die eiskalte gnadenlose und hasserfüllte Stimmung des Bauern und seines Hauses wieder.

Nach diesem Ereignis verfinsterte sich der Blick des Bauern noch mehr. Er wurde noch härter und sein Zorn wuchs, nachdem er zum Mörder seines eigenen Fleisch und Blutes geworden war. Maria fragte sich immer wieder weinend, warum sie sich nur mit diesem Mann eingelassen hatte. Nach einigen Wochen war die Bäuerin für den Bauern wieder einsetzbar und ich half und unterstützte sie wo ich nur konnte. Ich hatte viel mehr Mitleid mit dieser armen Frau, als mit meiner eigenen Situation. Die Zeit verwischte die Spuren dieser grauenhaften Tat und ich lebte meinen traurigen Alltag weiter. Ich ging zur Schule, rannte nachhause, um meine Aufgaben zu machen, in Haus und Hof, Stall, Feld und Wald. Die Arbeit ermüdete mich zu Tode und die Schläge und die bösen Worte des Bauern setzten mir zusätzlich zu. Ich hatte das Gefühl, am tiefsten Boden der Realität angekommen zu sein. Ich konnte mir nichts mehr vorstellen, was schlimmer hätte noch kommen können. Mein Leben war ein einziges Mienenfeld auf dem ich in Alarmbereitschaft lebte und immer wieder auf eine Miene trat, die mein Dasein aufrüttelte. Auch das Leben in der Schule war eine einzige Qual und nichts und niemand bot mir Schutz und Zuflucht. Niemand hatte Erbarmen mit mir und meinem Dasein, so sehr ich Gott auch um Hilfe anrief, betete, flehte und wieder mutlos zusammensank.

Bevor ich zur Schule hastete, hatte ich die Arbeit im Schweinestall zu verrichten dessen Gestank mich anschließend in die Schule begleitete und mir nur Hohn, Spott und Tadel der Lehrer und Schüler einbrachte. Meine Kleider waren verschmutzt und meine Zähne blieben immer ungeputzt. Auch das Frühstück wurde bei mir eingespart und der Hunger und Durst trieben mich vor der

Schule noch in den Mostkeller. All das machte mir das Schulleben zusätzlich zur Hölle.

Die Lehrer forderten Schüler auf, mich hinaus zu zerren und im Brunnen zu waschen. Ich erntete dabei unzählige Schläge und viel Spott, während die Mitschüler mich mit dem kalten Wasser öffentlich vor den Augen der Lehrer einrieben. Nie tat sich ein Loch im Boden auf, das mich gnädig hätte verschlingen können. Niemand fühlte mit mir. Auch der Lehrer im Religionsunterricht erhob öfter die Hand und schlug mich wie einen jungen Hund, ohne nachzufragen warum ich es nicht schaffte, die Aufgabe zu machen. Die Lehrer schlugen prinzipiell nur die Kinder aus ärmlichen Verhältnissen, da sie bei den reicheren Kindern oft zuhause am Mittagstisch saßen oder sich Speck und Eier schenken ließen. Wie die Schläge gestalteten sich auch die Noten. Je mehr Schläge, desto schlechter hagelte es die Noten, je mehr Lebensmittel und Essenseinladungen, desto besser fielen die Noten aus. Nach dem Motto: „Nur wer Besitz hat, ist ein Mensch." (Zitat der Bauersleute aus dem Buch: Mägde, 3.Auflage, Böhlauverlag, S154.) Ließ mir der Bauer keine Zeit, meine Aufgaben zu schreiben, verprügelte mich der Herr Pfarrer im Religionsunterricht, musste ich nachsitzen um die Hausübung vor Ort in der Schule zu machen, schlug mich der Bauer, weil ich zu spät nachhause kam. Auf einer der beiden Seiten waren mir Prügel stets gewiss. Zuhause angekommen hatte man für mich nur noch ein altes Stück Brot übrig das ich während der Arbeit zu verzehren hatte. Deshalb konnte ich dem Mostkeller immer weniger widerstehen, um meinen leeren Magen zu füllen…

Mein Leben bestand aus vielen Pflichten ohne jegliche Rechte. Auch die monatliche Heilige Beichte war ein Hohn für mich. Was hatte ich denn wem zu Beichten? Wofür sollte man mir denn vergeben? Dafür etwa, dass ich zu schwach war, mich vor meinen Peinigern zu wehren? Dafür, dass ich täglich Prügel einstecken durfte von einem Mann Gottes und meinem Stiefvater? Oder dafür, dass man mich um meine Familie beraubt hatte? Hatten der

Herr Pfarrer oder der Bauer vor Gott je gerade gestanden dafür, dass sie mich ständig schlugen? Aber ich, ein kleiner gehorsamer Junge, dem man alles genommen hatte, ich musste mir immer Sünden aus den Fingern saugen, die ich nie getan habe, um den Herrn Pfarrer zufrieden zu stimmen. Es schien keine Gerechtigkeit zu geben.

Im Herbst 1955, als die Schule wieder begann, hatte ich keine Kraft mehr, mich hier und dort fertig machen zu lassen. Beim Gedanken an den Weg zur Schule hätte ich mich lieber mit einem Strick um den Hals als am Fußmarsch nach St. Margarethen gesehen. Ich ging zum Bauern und sagte ihm, dass ich nicht mehr zur Schule gehen würde. Zu vieles war dort passiert und ich konnte einfach nicht mehr. Der Bauer willigte ein, da er mich so und so lieber den ganzen Tag arbeiten lassen wollte. Ich war richtig erleichtert, obwohl mich zuhause auch nichts Gutes erwartete. Ich war zwölf Jahre alt, als ich der Schule für immer fern blieb. Niemand ging meinem Fernbleiben je auf den Grund, suchte nach mir oder fragte nach, warum ich dem Unterricht nicht mehr beiwohnte. Niemals reagierte jemand auf meine Schreie oder hörte mich weinen und kam mir zur Hilfe. Keine Behörde sah auf unserem Hof nach dem Rechten, obgleich alle wussten, dass der Bauer ein Pflegekind hatte. Alle deckten dieses Unrecht und machten sich so in meinen Augen zu Mittätern.

Mein Name erschien genau genommen nie im Schularchiv, nicht einmal einen Eintrag oder Vermerk war ich ihnen damals wert gewesen. In dieser Zeit, kurz nach meinem Schulabbruch, gebar Maria dem Bauern einen zweiten Sohn namens Gerald. Ich fühlte, dass auch dieses Ereignis nicht zu meinen Gunsten ausfallen werden würde. Als ich meinen Körper beim Holzhacken verausgabte, stand der Bauer ohne Vorwarnung hinter mir und erklärte, dass ich mich mit meinem Hab und Gut in mein neues Zuhause, die Tenne begeben sollte, da im Wohnhaus nun kein Platz mehr für mich verschwendet werden würde. Ich konnte es kaum glauben, dass ich mit einem alten Koffer in die Scheune gehen und meinen letzten Funken Würde in meinem Zimmer im Wohnhaus zurücklassen musste.

Die Tenne des Heustadels war ein großer einsamer Raum mit einem Bettgerüst an der Mauer. Aus einem Strohsack bastelte ich mir eine Matratze und meinen Koffer schob ich wie einen Schatz tief unter mein neues Bett. Ich lag auf dem Stroh und wusste, dass ich hier kein Auge zu machen konnte. Sobald meine Lider zufielen, hörte ich es knacken, zischen, quietschen, tummeln,… Um Himmels Willen, Ratten!!! Ich erschrak fast zu Tode und dachte an die Erzählungen über diese Viecher, die sogar lebendige Schweine angefressen und überall verwundet hatten, vor Hunger. Ich hatte solche Angst, dass sie auch mich anfressen könnten, und versuchte mich mit dem Strohsack zu schützen und mir mit meinen Handflächen die Ohren zuzuhalten, um diese grausigen Geräusche nicht mehr zu hören. Doch es klappte nicht. Ich schwitze wie verrückt und zitterte und weinte die ganze Nacht. Ich hatte keine Ahnung, wie ich mir die Ratten in Zukunft vom Leib halten sollte. Dutzende Ratten rannten um mich herum und raubten mir den Schlaf. Früh morgens war ich ganz benommen, wusch mich notdürftig im Stall und hatte dann einen vom Bauern ausgefüllten Arbeitstag. Ich arbeitete wie ein Tier, litt am Nahrungsmangel, der Müdigkeit, der psychischen Verwahrlosung und den Misshandlungen. Ohne Liebe und ohne Anerkennung für Geleistetes vegetierte ich am Hof. Keine Pausen durfte ich mir gönnen, um nicht noch mehr Prügel einzustecken, bis zur Erschöpfung wurde stets gearbeitet. Ich war ein zwölfjähriger Gefangener ohne Aussicht auf Entlassung. Es herrschte Ausgangssperre und nur selten gönnte ich es mir nachts heimlich abzuhauen, um mit dem Nachbarjungen Karl im Wald zu spielen und kurz einmal Kind zu sein. Diese Stunden waren mir heilig, ich dachte an nichts und genoss es einfach nur kurz am Leben zu sein. Karl war mein einziger sozialer Kontakt und Freund in dieser Zeit meines Lebens. Er geriet glücklicherweise zu einer besseren Pflegefamilie als ich. Die kurzen schönen Momente mit Karl fühlten sich magisch an. Leider waren sie viel zu kurz. Bald lernte ich, mir mit den Ratten den Schutz der Tenne zu teilen, und träumte oft davon, wieder ein ganzer Mensch zu sein, geliebt zu werden, genug zu essen und ein echtes Dach über dem Kopf zu haben…

Nun stand ich noch früher auf, um den Stall schon ausgemistet zu haben, bevor der Bauer kam, um Schläge und Beschimpfungen am frühen Morgen abzuwenden. Niemals gab es Lob dafür. Eines Morgens beim Futterschneiden konnte ich meine Augen nicht mehr offen halten, brach an Ort und Stelle zusammen und verfiel in einen tiefen Schlaf. Etwas kitzelte mich im Gesicht und ich schreckte schlaftrunken auf. Raupen waren aus dem Futter in mein Gesicht, Mund und Ohren gekrabbelt und vor Schreck biss ich auf ein Exemplar in meinem Mund. Gelber Saft lief über meine Lippen und ich ekelte mich so sehr, dass ich mir panisch den Mund und das Gesicht sauber spülte. Es war so widerlich, so widerlich wie mein Leben gewesen. Schnell musste ich zum Brunnen laufen, um den Kübel Wasser wieder aufzufüllen ehe der Bauer es bemerkte. Ich hatte in der Tenne einfach viel zu viele Mitbewohner mit denen ich mir dieses große Nichts aus Stroh teilen musste.

So auch am Heiligen Abend 1956, der mein gesamtes Leben prägte und für mich immer unvergessen bleiben wird. Der Tag von Christi Geburt war eine der schlimmsten Stunden meines gesamten Lebens. Heut noch kann ich Weihnachten kaum ertragen, denn der Gedanke daran versetzt mich immer wieder in den Stall in die Kälberbox zu Weihnachten 1956. Ich war zu den Kälbern gegangen weil ich nicht mehr alleine sein konnte. Außerdem war der Boden mit Laub bedeckt und sie leisteten mir Gesellschaft. Schon nachmittags hatte ich Eier aus den Nestern der Hühner gestohlen und im Stall mit einem Wehrmachtsbecher versteckt. Die rohen Eier und ein halber Liter Milch den ich in den Becher molk, waren Teil meines Festmales, während die Familie im Wohnhaus mit ihren zwei Söhnen im Warmen die Geburt des Messias feierte. Im

Schweinetrog wartete eine Futtermischung aus Kartoffeln, Gerste, Hafer und Maisschrot darauf, von mir verzehrt zu werden. Ich dachte: „Wenn es für die Schweine gut genug ist, dann bringt es mich auch nicht um." Mit diesem Gedanken kniete ich über dem Schweinefutter und machte mich darüber her. Tränen standen mir in den Augen und rollten bald darauf über mein Gesicht als ich mich wie ein Tier über den vollen Trog beugte. Ich war ein Ausgestoßener der bei den Tieren im Stall Weihnachten feierte und in der Tenne schlief. Was war nur aus mir geworden? Wann haben diese Qualen endlich ein Ende? Es war so klirrend kalt und ich hatte meine nackten, frierenden Füße in den Urinstrahl der Kühe gehalten, um sie anzuwärmen bevor ich sie in einen Kartoffelsack wickelte. Der Geruch war beißend, doch diese Technik war sehr effektiv. Anders wusste ich mich vor der Kälte nicht mehr zu schützen. Ich träumte vor mich hin, dachte an Frau Hammer, an meine einzig wahre Familie, an den Baum mit den Zuckerwürfeln und den langen Spaziergang mit Herrn Hammer. Ich hörte fast, wie meine Geschwister mit mir lachten und wir im Wald vor der Bescherung eine Schneeballschlacht machten. Ich dachte an das echte Leben, ein Leben in Liebe und Hoffnung, Wärme und Geborgenheit. Die Einzigen, die sich nun beim Fest der Liebe am 24. Dezember mit mir abgaben, waren die Tiere im Stall.

Ich muss dabei an das Buch „Die Mägde, Lebenserinnerungen an die Dienstbotenzeit bei Bauern" (vgl. 3. Auflage, 1991, Böhlauverlag, S 154) denken, das mir mein Sohn vor einiger Zeit schenkte. Darin beischreiben Mägde ihre Dienstbotenzeit zwischen 1920 und 1950. Ich fand darin eine Frau die ein ähnliches Schicksal zur Weihnachtszeit erlitten hatte. Mit Brechdurchfall, fiebernd und blass schickten die Bauersleute die Magd Maria Grabner am Heiligen Abend in den Kuhstall, damit möglicher Besuch sie nicht in diesem Zustand sehen konnte. Sie lag in einem Strohlager und nach und nach leckte eine Kuh ihr den Schweiß von der Stirn. Man sagte ihr: „Wer nicht arbeitet, soll auch nichts essen!" Sie wäre in dieser Nacht im Kuhstall möglicherweise verstorben, hätte sie sich nicht unbemerkt warme Milch in ihren Mund gemolken, um nicht auszutrocknen und der Krankheit zu erliegen. So unheimlich hart waren offenbar viele Bauersleute zu jener Zeit. Ich wünschte, diese Bauern hätten sich bei der heiligen Beichte mit jenen grausamen Taten vor Gott verantworten müssen. Vor Ehrfurcht hätten sie künftig vielleicht warmherziger gehandelt und uns ausgebeutete Dienstboten und Kostkinder nicht weiter wie Tiere behandelt.

Der Heilige Abend 1956 hat mir die Magie von Weihnachten genommen, und der Schmerz darüber brennt mir heute noch auf der Seele. Wenn ich heute in die strahlenden Augen meiner Enkel vor dem Christbaum blicke, erfreut es mich sehr, gleichzeitig spüre ich aber auch, wie mein Glanz aus den Augen damals für immer entwichen ist. Niemand nahm damals Notiz von dieser für mich prägenden Zeit. Alles lief weiter wie zuvor.

Mit dreizehn Jahren erwartete mich wieder ein einschneidendes Erlebnis. Ich sollte dem Bauern helfen, die schwere Dreschmaschine in die Ecke der Tenne zu verfrachten. Wie immer barfuß setzte ich all meine Kraft ein, um dieses sperrige Ding in die Ecke schieben zu helfen. Der Schweiß stand mir auf der Stirn, als wir mit einem letzten Ruck die Maschine auf den rechten Fleck rückten, und ich plötzlich blass vor Schmerz wurde. Ein scharfes Winkeleisen ragte auf einer Seite der Maschine hervor und versetzte mir eine tiefe Schnittwunde entlang meines Fußes. Das spürte wie der Fuß pulsierte und das heiße Blut aus der Wunde auf den staubigen Boden lief. Ich verweilte in einem Schockzustand, als der Bauer rief, was ich denn für ein elender Nichtsnutz sei. „ Für gar nichts bist du zu gebrauchen!", rief er aufgebracht, ohne mich weiter zu beachten oder mir zur Hilfe zu kommen. Maria eilte jedoch herbei, da sie unsere Schreie vernommen hatte. „Der Tölpel hat sich verletzt", informierte er seine Frau abfällig über das Geschehnis. Weinend lag ich in der Küche als Maria mit mir auf den Arzt wartete, der mich dann mit einem Druckverband versorgte. Er vermutete einen

Fußwurzelknochenbruch und meinte, die Wunde müsste dringend genäht werden. Ich hatte große Angst. Bald darauf kam ein Rettungswagen und man brachte mich ins Unfallkrankenhaus nach Graz. Ich war noch nie zuvor in Graz gewesen und fühlte mich alleine gelassen. Als ich dort am Behandlungstisch niedergebunden wurde und eine Schwester meinen Kopf fixierte, blühte mir Furchtbares. Man nähte die Wunde ohne Narkosemittel und der bloße Gedanke an die Nadel, die mein verletztes Fleisch durchstechen werden würde, machte mich krank. Als die Prozedur endlich überstanden war, beschwerte man den Fuß des Bruches wegen mit einem Gewicht und ich durfte Tage lang nicht aufstehen. Dieser Gedanke, das Bett nicht verlassen zu können, würde mich heute verrückt machen, damals bemerkte ich diese Tatsache als angenehmen Nebeneffekt. Hatte ich doch ein weiches, warmes Bett, Schwestern die sich um mich kümmerten, drei Mahlzeiten am Tag und Ruhe vom Bauern. Mein Körper hatte sich schon so lange nach Erholung gesehnt und sie anscheinend durch dieses Unglück eingefordert. Ich brauchte nicht zu arbeiten, zu hungern und mich von einer Erledigung zur nächsten quälen. Ich brauchte lediglich zu liegen und mich zu erholen. „Wann gab es das denn je für mich?", bemerkte ich zufrieden und kostete die drei Wochen Spitalaufenthalt wirklich aus. Der Bauer kam nur einmal zu Besuch, vermutlich um herauszufinden, wann ich wieder zur Arbeit erscheinen würde. Am liebsten hätte ich diesen sicheren, warmen Ort ohne Schläge und Demütigungen nie wieder verlassen. Ich hatte endlich andere, nette Menschen um mich, und ich fühlte, wie das Leben sein könnte, ohne den Hof voller Arbeit. Doch der Tag der Entlassung kam, und der Bauer stand parat, um mich abzuholen. Ich fuhr das erste Mal mit der Straßenbahn, anschließend mit dem Bus und den Rest des Weges mussten uns unsere Füße nachhause tragen. Ohne Rücksicht auf meine Verletzung lief der Bauer heimwärts, obgleich mir jeder Schritt wie auf Nägeln vorkam. Alles hatte wieder seinen Lauf, ohne Verständnis für meinen Fuß, der noch Zeit zum Heilen gebraucht hätte. Ein Kartoffelsack schütze meine Bandage vor

Schmutz und so schindete man mich bei der Arbeit weiter wie zuvor.

Als dieses Ereignis verblasste, und meine Situation nicht mehr trauriger hätte werden können, dachte ich mit meinen dreizehn Jahren daran, mir das Leben zu nehmen, und mir damit endlich einmal einen Gefallen zu tun. Denn dieses Leben das ich führte, hatte für niemanden einen Wert und noch weniger hatte es einen Sinn. Ewigen Frieden zu finden, hingegen, erschien mir sehr verlockend zu sein. Der Schmerz würde endlich ein Ende finden. Ja, das wollte ich im Grunde. Nur das. Doch nach reichlicher Überlegung hatte ich zu viel Angst vor dem Fegefeuer das man uns im Religionsunterricht eingetrichtert hatte. „Was ist, wenn dort alles so schlimm ist wie hier?", fragte ich mich erschrocken. „Aus dem Fegefeuer kann ich dann nicht mehr flüchten, oder?" Diese Gedanken und auch dass man Selbstmörder nicht am Friedhof beerdigte, machten mir große Angst, und hielten mich von diesem Entschluss ab. Ich wäre sonst sogar im Tod ein Heimatloser gewesen.

Mit vierzehn Jahren stand die Firmung ins Haus, denn die Bräuche rund um die Kirche waren wohl das Einzige, das dem Bauern heilig war. Wahrscheinlich dachte er, seine Schuld damit reinwaschen zu können. Ich hatte keinen Paten für die Firmung und mir blieb nichts anderes übrig, als zwei Tage vor der Zeremonie vor dem Bauern im Stall auf die Knie zu fallen und ihn darum zu bitten. Mit gesenktem Kopf wartete ich geduldig am Boden auf die Antwort des Bauern, der Gott sei Dank einwilligte. Ein Stein fiel mir vom Herzen.

Als ich am Tag der Firmung von der Stallarbeit in die Tenne eilte, um mein abgetragenes Kirchengewand anzuziehen, traute ich meinen Augen kaum. Auf meinem Bett erblickte ich eine Hose und eine neue hübsche Jacke und darunter standen gar noch ein Paar Schuhe. Ich konnte es nicht fassen, mich nicht wieder mit meinen alten Kleidern blamieren zu müssen. Ein Engel hatte an mich gedacht. Mein einziger Tipp fiel auf Maria, eine Bezugsperson, die ich nur kurz zur Mahlzeit sah, aber tief in mir wusste ich, sie teilte mein Schicksal. Schließlich hatte sie diesen bösen Menschen zum Ehemann, der mich jeden Tag aufs Neue peinigte. Auch Maria bekam keine warmherzige Liebe sondern nur die brutale Seite des Bauern zu spüren und wir empfanden gegenseitiges Mitleid füreinander. So kamen vermutlich auch die neuen Anziehsachen zu mir in die Tenne.

Am Tag der Firmung war es mir sogar gegönnt nach der frühen Stallarbeit meinen Körper mit Seife zu waschen, um ein gepflegtes Äußeres zu haben. Dieses Stück Seife war ansonsten zu schade für mich und ich musste mich für meinen Gestank in Gesellschaft der Kirche und Schule schämen. An diesem Tag war es anders. Mit einem leichten Lächeln auf meinem Gesicht begleitete ich an diesem Tag den Bauern auf dem Fußmarsch nach St. Margarethen zur Kirche. Ich war stolz, mich den Menschen gewaschen und gestriegelt, mit anständigen Kleidern und zu großen, anstatt zu kleinen Schuhen, präsentieren zu dürfen.

Die heilige Messe war wie immer eine Stunde Entspannung in der man nur dasitzen und nichts tun musste. Meine gute Laune trübten jedoch die Gedanken wie die Firmung wohl vonstattengehen würde, da ich schon die ärgsten Geschichten von Ohrfeigen und so gehört hatte. Nichts dergleichen passierte, der Bischof machte lediglich mit seinem Daumen ein Kreuz auf unsere Stirn und irgendein Zeichen auf unsere Wangen. Daraufhin sprach er einen Segen aus. Die Angst war ausnahmsweise völlig grundlos gewesen.

Nach der Firmung überreichte man uns die Firmgeschenke. Es handelte sich um einen Luftballon, einen Rosenkranz und eine Uhr. Am Festplatz von St. Margarethen wurde im Anschluss ein großes Fest ausgerichtet und bekam zum ersten Mal in meinem Leben Würstel. Sie schmeckten mir einfach hervorragend und ich fühlte mich gut in der Gesellschaft. Aber als ich fertiggegessen hatte, hieß es für mich sofort heim zur Stallarbeit, während die anderen Firmlinge weiterfeierten. Meine Firmgeschenke waren keine Spielsachen, sondern Mistgabel und Besen. In Situationen wie diesen verließ mich immer wieder die Kraft zum Leben. Ich fragte mich, warum mir meine leiblichen Eltern dieses Leben zumuteten, warum sie nie nach mir sahen, oder je mich aus diesem Elend befreiten? Wer war ich nur, dass mich niemand liebte und beschützte? Todessehnsucht lösten diese traurigen Fragen in mir aus, und sie hafteten unter meinen Füßen und begleiteten mich auf Schritt und Tritt.

Die Zeit rannte plötzlich an mir vorbei, ich hörte auf zu kämpfen und somit versiegten auch meine nächtlichen Träume von meiner alten Familie und einem besseren Leben in Liebe und Freude. Wochen, Tage und Stunden verloren ihre Wirkung für mich. Ich vegetierte nur noch zwischen Hof, Stall und Tenne und wusste oft gar nicht mehr, ob ich noch am Leben war. Es war auch nicht von Bedeutung in meiner Welt die nur aus Arbeit, Spott und Schlägen bestand. Es war besser so, ich lebte nicht mehr und reagierte nur noch.

Ich fiel erschöpft ins Bett und wachte erschöpft wieder auf. Irgendwann waren die körperlichen und seelischen Schmerzen so groß, dass ich mich wieder spürte. Es war schrecklich mich wieder zu spüren und den Schmerz als Leid zu begreifen. Ich war in der Zwischenzeit siebzehn Jahre geworden und begann nun meine Selbstmordabsichten in die Welt hinaus zu rufen. Ich wollte nicht tot sein, ich wollte nur nicht in einer Welt leben die allein aus Leid bestand. Ich hoffte in meinem Inneren es würde jemand auf meine Hilferufe reagieren und mich nicht in den Tod gehen lassen. Ich wusste mir nicht mehr anders zu helfen. Als die Mutter des Bauern von meinen Selbstmordgedanken hörte, kam sie empört zu mir in den Stall. Kaltherzig sah sie mir in die Augen und rief: „Was, du willst dir das Leben nehmen? Für dich ist doch selbst ein Strick zu teuer! Den musst du erst einmal abdienen!" Der eiskalte Blick gepaart mit diesen grausamen Worten drohte mein Herz zu zerfetzen. Ich sah sie nicht mehr, ich sah nur noch den ausgefransten, alten, morschen Strick. der meinem Leben glich.

Verloren arbeitete ich eines Tages wieder einmal auf dem Feld, als ich aus den Gedanken gerissen wurde: „Bist du der Fritzl?" Verwirrt drehte ich mich um und erblickte einen Gendarmeriebeamten. Der Beamte hatte gute Absichten und machte sich Sorgen um mich, da ihm meine Selbstmordabsichten zu Ohren gekommen waren. Ich konnte es kaum glauben! Jemand machte sich tatsächlich Sorgen um mich! „Ich wollte sehen, ob ich etwas für dich tun kann.", sprach er freundlich weiter. Er stellte sich als Gottlieb vor und war für mich ein Lebensretter. Mit seinem Erscheinen kam die Hoffnung wieder in mein Herz und ich lebte auf. Unter Tränen vertraute ich mich diesem unbekannten aber gütigen Menschen an und erzählte ihm von den psychischen und physischen Qualen, die ich am Hof ertragen musste. Ich erzählte von der Arbeit und den Schlägen, von meinem Schlafplatz in der Tenne und dem wenigen Essen… Ich sah Gottlieb an und fragte mich, ob er ein Engel war, ob er wirklich existierte. Er hörte sich meine Geschichte geduldig an und sagte zum Abschied: „Du bist nicht alleine! Ich werde dir helfen!" Nach diesen Worten hatte ich mich schon so lange gesehnt. Ich war so dankbar für dieses Gespräch, das mir so viel Hoffnung gegeben hatte. Er versprach, wiederzukommen und ein Auge auf mich zu haben, und ich glaubte ihm.

Tatsächlich kam er auch zurück und suchte mich wieder während meiner Arbeit auf dem Feld, auf. Der Bauer sollte davon nichts mitbekommen. Seine bloße Anwesenheit spendete mir unendlich großen Trost und ich hatte tiefes Vertrauen in Gottlieb gefasst, dass er mir helfen würde. An diesem Tag hatte er bereits die Lösung für mich parat. „Das Bundesheer, Fritzl! Du hast die Möglichkeit, dich schon mit siebzehn freiwillig für die Musterung zu melden und wenn du am Sonntag nach der Kirche auf den Gendarmerieposten kommst, werde ich dir zeigen wie du das machen sollst!" Ich schwebte bei diesem Gedanken, weil ich auf Gottlieb vertraute und mich auf sein Urteilsvermögen verließ. Sollte sich nach so vielen Jahren das Blatt endlich für mich wenden? „Ja!", dachte ich, das sollte es.

Am Sonntag erhielt ich dann von Gendarm Gottlieb einen Zettel auf dem Glacisstraße 39 stand. Ich musste an diese Adresse einen Brief schreiben, indem ich mich zur freiwilligen Musterung melden würde. Am selben Abend nach der Arbeit schrieb ich heimlich an das Wehrkommando und übergab den Brief am nächsten Tag dem Briefträger, der von meinem Vorhaben wusste. Hätte der Bauer davon wusste er hätte mich bestimmt im Zorn erschlagen. Wenige Tage später lief mir der Briefträger freudig entgegen und wedelte mit einem Brief in der Hand. Aufgeregt musste ich bis zum Abend warten, bis ich ihn endlich öffnen konnte. Der Inhalt dieses Briefes ließ mich geschockt zurücksacken. Darin stand, dass ich auf Grund meiner Minderjährigkeit die Unterschrift meiner Eltern in einem Begleitschrieben zurückschicken musste. Meine Eltern um einen Gefallen bitten? Die Menschen anbetteln, die mich in diese furchtbare Lage gebracht hatten? Was war das für eine Welt, in der Menschen über mich bestimmten, die mich als Kostkind und Knecht weitergaben? All diese Fragen brachten nichts, fest stand, dass ich für meine Freiheit kämpfen musste. Ich wartete einen günstigen Augenblick ab, an dem der Bauer bei den Nachbarn beschäftigt war, und lief mit dem Formular, das die Ratten unversehrt gelassen hatten, barfuß über Sulz nach Hofstätten zum Haus meiner leiblichen Eltern. Ich rang um Luft, und hatte Angst so kurz vor dem Ziel zu scheitern. Doch es blieb mir keine Wahl und vor allem keine Zeit ehe der Bauer meine Abwesenheit bemerkt hätte. Ich dachte daran, wann ich das letzte Mal vor dieser großen Holztür gestanden hatte. Als ich den Hof betrat stieß ich sofort auf meine Mutter Juliana die mich mit einem gleichgültigen Blick ansah. Die Begegnung war wie sie bisher immer gewesen abgelaufen war, einfach nur kalt und leer. Ich keuchte: „Ich brauche nur eine Unterschrift von dir und meinem Vater!" Zum ersten Mal kamen mir die Worte „mein Vater" über die Lippen und es fühlte sich unpassend an. Sie zog mir den Zettel aus der Hand und ich folgte ihr ins Haus. Ohne Worte unterschrieb sie das Formular, sie hatte keine Fragen, keine Worte brannten ihr nach so langer Zeit auf den Lippen. Da war einfach nichts. Als sie unterschrieben hatte, sagte sie nur, dass Herr Eicher nicht da sei, aber bald kommen würde. Sie befahl mir. in der Küche auf ihn zu warten und verließ diese wortlos. Da saß ich nun und wartete nervös etwa eine halbe Stunde bis sich endlich Schritte der Küche näherten. Ehe ich darüber nachdenken konnte, stand mein leiblicher Vater in der Tür, ohne mich eines Blickes zu würdigen, unterschrieb er den Zettel, und ging. Beide hatten nicht das Geringste für mich übrig gehabt, es war kaum zu glauben. Beim Verlassen des Hofes hörte ich meine Mutter sagen: „So, nun hast du was du wolltest. Jetzt kannst du wieder gehen!" Ich rannte los, schließlich gab es Wichtigeres, als mich über ihr Verhalten zu ärgern, ich musste so schnell wie möglich wieder auf dem Hof erscheinen. Am Heimweg schmerzte mich diese Zusammenkunft mit den Menschen, die eigentlich meine Eltern gewesen wären, doch sehr. Ich fragte mich ob sie nicht doch irgendwie anders hätten reagieren können, sich wenigstens nach meinem Befinden hätten erkundigen können… Am Hof angelangt zitterte ich vor Angst, doch niemandem war meine Abwesenheit aufgefallen und ich war froh, mein Vorhaben schon so weit erfolgreich durchgezogen zu haben. Schnell versteckte ich das Formular wieder im Stroh in meinem Bett und nahm die Arbeit hastig wieder auf.

Ich fühlte mich endlich wieder ein Stück lebendiger und stärker und dachte daran, mich aus dieser Sklaverei bald befreien zu können. Ich freute mich darauf und gleichzeitig war mir angst und bange, ob ich die Freiheit wirklich auf diesem Wege erreichen würde. Einige Tage später sprang ich nach dem Füttern der Tiere auf das alte Waffenrad und hastete nach St. Margarethen, um den

Brief so schnell wie möglich eingeschrieben aufgeben zu können. Doch der Heimweg war steil und ich musste öfters schieben. Ich war nervös und ängstlich. denn ich wusste nicht, ob ich schnell genug zuhause ankommen würde. Ich trat in die Pedale, als gäbe es kein Morgen. Zuhause angelangt schmiss ich das Rad erschöpft in die Ecke und stürmte in den Stall zurück.

Doch meine schlimmsten Befürchtungen wurden dieses Mal wahr! Der Bauer stand mir wutentbrannt gegenüber und schrie aus voller Kraft: „Wo bist du gewesen?!" Ich hatte große Angst um mein Leben und im selben Moment schlug er bereits mit aller Wucht auf mich ein. Blutig geschlagen stürzte ich auf den Misthaufen zurück. Mein Gesicht war verschwollen und das Blut und die Tränen strömten an mir herunter als ich mich aufraffte und ins Plumpsklo flüchtete. Vor Schreck hatte ich mir in die Hose gemacht, als er mich prügelte. Später, als der Bauer außer Haus ging, schlich ich mich wieder heimlich in den Mostkeller, um mein blutiges Gesicht zu waschen und meinen Hunger mit dem Most zu stillen. Ich hatte den ganzen Tag nichts zu essen bekommen. Als ich wieder in der Tenne war, brachte mir Maria heimlich aus Mitleid Brot und Speck. Es war sehr riskant für sie, dennoch hatte sie dies schon öfter gemacht. Hätte der Bauer sie dabei erwischt, hätte auch sie eine Tracht Prügel erwartet. Vor Hunger schlang ich die Sachen so schnell hinunter, dass ich die Speisen gar nicht schmecken konnte. Es tat so gut etwas im Magen zu haben. Ich schlief in dieser Nacht zufrieden ein, im Wissen, dass ich den Brief in die Freiheit versendet hatte, obgleich mir das so schlimme Schläge eingebracht hatte.

Wenige Tag nach diesem Vorfall besuchte mich der Briefträger erneut auf dem Feld und hatte den Brief in die Freiheit für mich. Auf dem Brief stand in Großbuchstaben „WEHRKOMMANDO, GLACISSTRAßE 39" gedruckt. Ich riss ihn sofort auf und las darin die rettende Botschaft, zur Musterung eingeladen zu sein. Ich schrie vor Freude und machte Luftsprünge über diese wunderbare

Nachricht. Nun war es so weit, ich musste dem Bauern sagen, dass ich zum Bundesheer kommen und zur Musterung gehen müsse. Ich wusste es würde kein „Honigschlecken" werden, ihm das beizubringen, aber ich war auf den letzten Metern vor dem Ziel. Beflügelt von diesem Gefühl unterrichtete ich den Bauern von meinem Vorhaben, das er mit einer Ohrfeige quittierte. Das Blut lief wieder aus meiner Nase und ich dachte nur daran, dass all dies sehr bald ein Ende haben würde. Blutend aber dennoch triumphierend stand ich dem Bauern gegenüber und fühlte mich nicht mehr schwach.

Endlich kam der Mai und mit ihm der Tag der Musterung, die im Gasthaus Köberl stattfand. Ich schämte mich wieder einmal über meine alten Kleider und die abfälligen Blicke der anderen jungen Männer, die ich wieder erntete. Um zwei Kilo hatte ich gerade noch mehr als jene, die auf Grund von Untergewicht untauglich waren. Ich konnte mein Glück kaum fassen. Ich war tauglich! Ich bekam eine Anstecknadel mit der Aufschrift: „Tauglich für den Dienst mit der Waffe."

Eine frohe Botschaft für mich. Anschließend gab es eine Jause im Gasthaus Juritsch. Da ich nicht offiziell in der Gemeinde gemeldet war, musste ich als Einziger die Anstecknadel und auch das Gulasch und ein Bier selbst bezahlen. Die anderen Neuzugänge des Bundesheeres bekamen sogar die Zugkarte für den Heimweg spendiert. Ich hatte mein gesamtes Geld bereits für die ungeplanten Kosten aufgebraucht und lief traurig auf den Gleisen hinter dem Zug her. Da war es wieder, das Gefühl, nicht dazuzugehören, weniger wert zu sein und benachteiligt zu werden. Es tat weh und machte mich wieder sehr traurig. Ich war es weder wert, dass man mich in der Gemeinde wie einen ordentlichen Bürger anmeldete, noch dass man mich ausgeschundenen Knecht bei der Musterung unterstützte. Es zog sich wie ein roter Faden durch mein bisheriges Leben weniger wert zu sein, als ein Strick, der meinen Tod bedeuten würde. Warum nur? Bei Sulz verließ ich die Gleise und rannte Richtung Glawoggen.

Die Tage und Wochen zogen sich wie Pech und ich konnte es kaum noch erwarten, den Einberufungsbrief in den Händen zu halten. Ich kam zum Entschluss, dass das Schlimmste, was man einem Menschen antun kann, das Warten sei. Die Arbeit ging mir wenigstens leichter von der Hand in der Hoffnung, dass jeder Ta, der letzte auf diesem grausamen Hof sein könnte. Ich war gerade mit dem Vieh auf dem Acker, um zu pflügen, als mich der Briefträger überraschte. Meine Hand zitterte bei der Unterschrift des eingeschriebenen Briefes, die ich leisten musste, um den Umschlag entgegennehmen zu können. „Einberufungsbefehl zur Stabsbatterie der BAA7 nach Klagenfurt, Jägerkaserne", konnte ich in den ersten Zeilen lesen. Ich war erlöst! Ich war frei! Ich war wieder ich! Schwerelos vor Glück kehrte ich mit dem Vieh heim, obgleich der Bauer (auf dem Foto rechts unten mit meiner Stiefmutter zu sehen) auf mich zuschrie, dass ich noch längst nicht fertig sein könne. Ich schritt unbeirrt weiter mit den Kühen auf ihn zu und entgegnete ihm von Angesicht zu Angesicht, mit gleichgültiger, ruhiger Stimme: „Die Kühe wollen nicht mehr ziehen!" Diese Antwort entlockte dem Bauern wieder einen Schlag, der mich zu Boden gehen ließ. Doch heute war der Tag aller Tage, an dem ich wieder hochzog und ihm die Stirn bot. Selbstsicher und lauthals verkündete ich: „Das waren deine letzten Schläge, ansonsten werde ich dich bei der Polizei anzeigen!" Ein Nachbarjunge hatte mir erzählt, dass mich der Bauer nicht mehr schlagen dürfe, wenn

ich die Einberufung in den Händen hätte, da ich ab diesem Zeitpunkt unter dem Schutz des Staates stehen würde.

In der Tat waren es die letzten Schläge, die ich von diesem Monster einstecken musste. Ich war ihm zehn Jahre, elf Tage und neun Stunden unterworfen gewesen und war nun ein freier Mann. Ich hatte um mein Leben gekämpft und mir wurde die Freiheit geschenkt. Dass ich Maria schutzlos mit ihren kleinen Kindern zurücklassen musste, tat mir sehr weh. Sie weinte bitterlich als sie davon hörte, dass meine Tage am Hof gezählt waren. Ich wusste, der Bauer würde all seine Aggressionen nun an ihr auslassen, und es zerriss mir fast das Herz, war sie doch stets gut zu mir gewesen. Doch ich musste anfangen zu leben und ich konnte ihr auch nicht helfen.

Am 11. Oktober, zwei Tage vor dem Einberufungstermin, war ein traditionelles Abschiedskränzchen für alle Einberufenen im Gasthaus Thaller in St. Margarethen. Die jungen Burschen erschienen mit schönen Gewändern und Steireranzügen mit Hemd und Krawatte, und belächelten und verspotteten mich mit meiner einzigen Hochwasserhose, den abgetragenen Schuhen und meinem alten Janker. Für diesen ungepflegten Auftritt hatte ich mich schon allzu oft schämen müssen und es tat jedes Mal aufs Neue weh. Aber ich wollte auch ein Teil dieses Abschiedsfestes sein, auch wenn ich nichts an diesem Ort vermissen würde. Eine fröhliche Stimmung war im ganzen Saal und auch die Mädchen waren fesch herausgeputzt mit ihren Dirndln und hockgestecktem Haar. Ich mischte mich unter das tanzende Volk und wollte auch ein Mädchen auffordern. Es erforderte all meinen Mut, das erste Mädchen, das mir gefiel um einen Tanz zu bitten. „Willst du vielleicht mit mir tanzen?", fragte ich sie schüchtern. Bevor sie mir noch entgegnen konnte, stand ein Junge neben ihr, hielt ihre Hand und schrie: „Nimm deine dreckigen Pfoten weg!" Heute sind die beiden verheiratet. Auch andere aus der Landjugend St. Margarethen mischten sich ein und verspotteten mich. Sie riefen: „Scher dich aus diesem Saal! Mach, dass du davon kommst! Verschwinde hier!" Mit hochroten Kopf und Tränen in den Augen lief ich aus diesem sonst so heiteren Festsaal nachhause. Ich gehörte nicht dazu und war bis auf die Knochen blamiert worden, weil ich keine schöne Kleidung trug und keine Freunde hatte. Die Menschen hier gaben mir noch ein letztes Mal zu spüren, was ich in meinem ganzen Leben zu spüren bekommen hatte: „Niemand braucht dich, niemand will dich, niemand schert sich einen Teufel um dich!" Ich fühlte mich erbärmlich und genau dieses Gefühl beschrieb den Abschied aus St. Margarethen an der Raab. Aber nicht ich war erbärmlich, es war erbärmlich!

Am 12. Oktober brachte mich der Nachbarsjunge mit seinem Motorrad zu meiner Mutter Juliana. Alles was ich besaß war die alte Kleidung in meinem Koffer, den ich bei mir hatte. Der Abschied vom Hof, von der erschöpfenden Arbeit und dem furchtbaren Bauern, dem elenden Schinder, und meinem Strohlager in der Tenne, fiel mir kaum schwer. Es gab keine Worte des Dankes, keinen Händedruck, keinen einzigen Schilling für meine Mühen und Qualen die letzten zehn Jahre, elf Tage und neun Stunden, die ich ihm hatte dienen müssen. Ich war ihm nicht den Dreck unter den Fingernägeln wert. Er war einfach nur eine leere, kalte und grausame Hülle von Mensch gewesen. Nichts weiter. Ich hatte bis zur Erschöpfung geschuftet für nichts und wieder nichts. Maria machte mir zum Abschied ein Kreuz auf die Stirn, das mich schützen sollte, und mit diesem Schutz verschwand ich aus ihrem Leben, ohne mich noch einmal umzudrehen.

Der Nachbarsjunge brachte mich zu meinen leiblichen Eltern, wo ich die letzte Nacht um Unterschlupf bitten wollte. Ich fürchtete ihre Reaktion nicht zu Unrecht. Juliana öffnete die Tür und hatte nur kalte Worte der Begrüßung für mich übrig. „Was willst du schon wieder hier?", kam über ihre Lippen. Leise erklärte ich ihr, dass ich mich am nächsten Tag schon früh mit dem Zug in die Kaserne nach Kärnten aufmachen müsse, und diese Nacht gerne bei ihr unterkommen würde. „Wenn es unbedingt sein muss", entgegnete sie, und ich konnte aufatmen. Sie stellte mir ein Klappbett auf, doch ich brachte die ganze Nacht kaum ein Auge zu. Ich fühlte mich unwohl und dachte daran, mit siebzehn das erste Mal bei meinen Eltern zu schlafen, auch der morgige Neubeginn in meinem Leben ließ mir keine Ruhe. Dennoch hatte ich die Gewissheit, was auch passieren mochte, es könne kaum schlimmer werden, als meine Vergangenheit es bisher schon gewesen war. Morgens brachte ich das Frühstück kaum hinunter vor Aufregung, der Abschied von meinen Eltern dagegen, fiel wieder nüchtern wie gewohnt aus. Allein machte ich mich auf den Weg in mein neues Leben und ging zum Bahnhof, wo sich viele andere Familien schweren Herzens von ihren geliebten Söhnen verabschiedeten.

Gleichmäßig rollte der Zug über die Gleise und durch das Fenster verschwamm die Landschaft und zog mich in den Strudel meiner Vergangenheit. Ich sah meine Geschwister, wie sie mit mir unter den Birken spielten, danach erblickte ich die Bäuerin von Juliana, die gut zu mir gewesen war, dann spürte ich jedoch die Schläge, die ich dort vom Bauern mit dem Stock bekommen hatte – es war das erste Mal gewesen, dass ich misshandelt worden war. Als nächstes erkannte ich den Pfarrer im Beichtstuhl in der Kirche und als dieser verschwand, erschien der Bauer und seine erste Frau – auch sie war gut zu mir gewesen – doch dann sah ich ihren Leichnam am Totenbett. Die Hochzeitskutsche von Maria und dem Bauern kam mir in den Sinn, danach sah ich mich nur noch bei der Arbeit auf dem Feld und im Stall, ich sah mich leiden und flehen und spürte wie der Bauern gnadenlos auf mich einprügelte. Das ganze bisherige, traurige Leben schoss an mir vorbei, wie die vielfältige Landschaft auf dem Weg in eine bessere Zukunft.

Die goldene Bundesheerzeit!

Es war sechs Uhr abends, als wir in den Bahnhof Klagenfurt einfuhren und alles hinter mir blieb. Ich fühlte unbekannte Sicherheit auf der Flucht vor der Hölle von St. Margarethen. Ich kam richtig zu mir, als mein Name „Eicher" hallte, und ich mit einer mir fast fremden lauten Stimme antwortete: „Hier!" Da war es nun, mein neues ICH, das sich triumphierend zeigte und sich auf die vielen Annehmlichkeiten freute – in einem Bett zu schlafen, Kleidung zu erhalten und bei Tisch auf Essen zu warten.

Ich bekam ein Zimmer zugewiesen, das ich mit einundzwanzig anderen Neulingen zu teilen hatte. Für die Meisten von uns stellte diese Tatsache schon ein Problem dar, ich war jedoch fasziniert von einem Bett mit allem Drum und Dran… Ich roch an der frischen Bettwäsche und betrachtete das Dach über meinem Kopf, nach dem ich mich gesehnt hatte. Was sind schon ein paar Männer in einem Gemeinschaftsschlafraum, nachdem ich mir eine Tenne mit Ratten geteilt hatte? Schlicht und ergreifend nannte ich es meinen persönlichen Luxus, nicht mehr einsam und allein zu sein.

Der Bundesheeralltag bestand aus unzähligen Anweisungen, Belehrungen, Ordnung und Disziplin. Das machte mir jedoch kein Kopfzerbrechen, hatte ich auf Grund meiner Herkunft doch schon früh gelernt, was Disziplin und Gehorsam war. Ich versuchte mich von meiner allerbesten Seite zu zeigen und der Welt endlich etwas Respekt abzuringen, für mich, mein neues ICH. Wenn wir Hunger hatten, durften wir uns melden, eine wundervolle Vorstellung zu jener Zeit. „Gelobt sei das Bundesheer!", kam mir danach immer wieder in den Sinn. Um sechs Uhr morgens war Tagwache, was für mich eine ganze Stunde später aufstehen bedeutete. Weiteres bekamen wir Einheitskleidung und ich wusste ab diesem Zeitpunkt würde mich niemand mehr wegen meiner Lumpen diskriminieren. Jeder erhielt einen Trainingsanzug, Turnschuhe und Socken. Eine richtige Garnitur. Ich fühlte mich zum ersten Mal zugehörig, ich tauchte in der Masse unter und war einfach dabei, ein richtiges Mitglied eben.

Ein weiteres schönes Erlebnis wurde mir zuteil. Es war Essenszeit, wir bekamen einen Tisch zugewiesen, und ich konnte es kaum erwarten, was ich hier nun zu essen bekommen würde. Es übertraf meine Vorstellungen bei Weitem. Erbsensuppe und Faschiertes mit Erdäpfelpüree standen bald darauf am Tisch. Es war wie Ostern und Weihnachten, es war nicht nur etwas zu essen, es schmeckte einfach köstlich und machte mich glücklich. Das Murren und Klagen der anderen mit ihren verwöhnten Gaumen überhörte ich und konzentrierte mich nur auf meinen leckeren Teller. Auch abends gab es wieder Essen, auch wenn es nur Dosenbrot war. In den gemeinsamen Waschraum ging es um halb zehn Uhr abends, um uns zu waschen, ein weiterer Luxus den ich nicht kannte. Ich hatte die Erlaubnis, meinen Körper zu pflegen, es war sogar meine Pflicht. Nie zuvor hatte meine Körperpflege meine Erziehungsberechtigten geschert, außer beim Kirchgang. Da durfte auch ich mich waschen. Voller Freude und Dankbarkeit lag ich um zehn Uhr abends in meinem zugewiesenen Bett in der Kaserne Klagenfurt, als der Tag mit der letzten Zimmerkontrolle endete. Ich sah zuversichtlich auf meine Zukunft und war sogar wieder neugierig geworden auf das Leben, das mir noch bevorstehen sollte. Freigekämpft war ich auch stolz darauf, nun so viel mehr als eine alte Scheune, Ratten, Arbeit und Schläge zu haben und ohne Angst einschlafen zu können.

Wir hatten einen straffen, an Regeln gebundenen Tagesablauf in dem keine Verbote gebrochen werden durften und Disziplin herrschen musste. Ich fühlte mich hier fast wie ein Gewinner, denn dies alles war kein schwerer Auftrag für mich. Immer wieder wunderte ich mich, dass Schläge ausblieben, so sehr hatte ich mich an mein gewaltreiches Leben gewöhnt. Doch es lief immer wieder gleich ab: Morgensport, Frühstück, Marschieren, Befehle ausführen, Mittagessen, Mittagsruhe einhalten, Nachmittagsprogramm, Abendessen,

Waschen gehen, Schlafen legen... Aber keine Schläge. Das war auch gut so. Also ein Himmel auf Erden für mich, wenn ich an den ersten Sonntag beim Bundesheer denke! Es gab tatsächlich Kakao mit Kipferl, Butterwürfel und Marmelade. Das war noch nicht alles. Ich durfte mir so viele Häferl Kakao genehmigen, wie ich nur trinken konnte. Es war ein Hochgenuss...

Das Bundesheer hatte viele Überraschungen für mich parat. Ich erschrak wie vom Blitz getroffen, als mir ein bekanntes Gesicht unterkam. Sepp, mein Armenhausbruder, fiel mir in die Arme. Es war so schön ihn zu sehen. Endlich bekam ich ein Stück Heimat in mein Herz. Sepp erzählte mir, dass Herr Hammer gestorben war. Frau Hammer blieb daraufhin nichts anderes übrig, als zu einem ihrer Söhne, der an Leukämie erkrankt war, zu ziehen. Daraufhin wurde das Armenhaus verkauft und mit ihm unsere Armenhausheimat. Es traf mich sehr, dass Frau Hammer, „die Mutter" die ich am meisten liebte, ein schwerer Schicksalsschlag ereilt hatte. Sie war ein so guter Mensch. Dennoch war ich heilfroh, dass das Schicksal immerhin mich und Sepp wieder zusammengeführt hatte.

Zweimal im Monat durfte man nach der anfänglichen Ausgangssperre nachhause fahren. Da war er nun, der Wermutstropfen. Ich hatte kein Zuhause mehr. „Zuhause ist doch da wo man sich wohl fühlt", dachte ich und blieb dort in der Kaserne, die mir Schutz und Essen bot. Ein anderes Zuhause hatte ich eigentlich nicht. Von Woche zu Woche wurde der Tonfall der Kommandanten immer härter, doch im Gegensatz zu meinem alten Leben in Glawoggen war es immer noch ein Kinderspiel.

Laut Musterung war ich ja „tauglich zum Dienst mit der Waffe". Da war sie nun, eine amerikanische KM2, die ich in den Händen hielt. Es hieß immer: „Das Gewehr ist des Rekruten Braut!" Ich hatte mir eigentlich immer eine nette Braut aus Fleisch und Blut vorgestellt und konnte diesem Fanatismus nichts abgewinnen. Ich würde einmal eine gute Frau finden, mit der ich vor dem Traualtar stehen würde. Ich war mir dessen sicher. Jeder Handgriff mit dem Gewehr musste sitzen und wurde täglich über Stunden geübt. „Gelüftet, gereinigt, zur Abnahme bereit!", mussten wir alle im Schlaf sagen können.

Bald darauf kam ein großes Ereignis: Die Angelobung stand an, für die wir ausgiebig vorbereitet wurden. Sie fand sonntagvormittags in der Lendorfer Kaserne statt. Auch der Landeshauptmann wohnte dieser Zeremonie teil, bis wir schließlich die Waffensegnung erhielten. Ich, der jüngste Rekrut mit gerade einmal siebzehn Jahren, musste eine Waffe segnen lassen, mit der man im Ernstfall Leben auslöschen sollte. Bis heute habe ich diese paradoxe Handlung der katholischen Kirche nicht verdaut. Warum um Himmels willen sollte man mein Mordgerät segnen lassen? Ich habe nachgelesen, dass segnen „mit dem Zeichen des Kreuzes versehen" bedeutet. Also trug meine Waffe nun ein Kreuz und wurde zu meinem Schutz gesegnet. Das hieße jedoch, dass die gesegnete Waffe mich und damit mein Leben schützen sollte, und den ungeschützten Feind zu Tode bringen würde. Was wäre das für ein Gott, der seinen Segen für Waffen des Krieges weitergeben würde? Keinem Gott dieser Welt ist ein Leben mehr wert als das andere. So dachte ich damals und so denke ich noch heute.

Nach der Grundausbildung und der Angelobung ging es nun weiter zur Spezialausbildung, bei der ich zum Fernsprechdienst eingeteilt wurde. Meine Aufgabe war nun das Verlegen von Fernsprechkabeln. Mit halber Strenge, jedoch ernsthaft bei der Sache, verlief die Zeit nun weiter. Nach sechs Wochen hatte ich die Möglichkeit mich für die Kantine zu melden, was die beste Entscheidung meines Lebens war. Es war, als hätte ich den Schlüssel zum Paradies gefunden. Nun bestanden meine Hauptaufgaben darin, Essen zu holen, aufzudecken, zu servieren, abzuräumen und neu zu decken. Aber was viel wichtiger war – ich stand an einer Essensquelle! Gerade an Samstagen waren viele Offiziere nicht anwesend und so blieb einiges an Essen für mich und andere, mit denen ich teilte, übrig. Sie ersparten sich durch mich vierzehn Schilling, mit denen sie ihr Essen hätten kaufen müssen. Als Beweis dafür wie gut es mir ging, reichte eine Zahl auf der Waage. Bei der Musterung hatte ich achtundfünfzig Kilo gewogen und es gerade mal zur Tauglichkeit geschafft, zur Weihnachtszeit 1958 in der Kaserne brachte ich stolze achtzig Kilo auf die Waage. Ich fühlte mich richtig gesund und stark und war erholt und ausgeglichen. Die Operation „Befreiung aus Glawoggen" war wundervoll gelungen. Ich atmete die Luft der Freiheit und war richtig stolz auf mich, aus mir einen Menschen wie jeden anderen gemacht zu haben. Ich war kein Ausgestoßener mehr. Ich war ich. Ich war nun ein Rekrut und unter dem Schutz des Staates. Zu Weihnachten durfte die eine Hälfte der Rekruten nachhause, zu Silvester die andere Hälfte der Mannschaft. Das Problem mit dem Zuhause schien mich dort jedoch immer wieder einzuholen. Ich hatte kein Zuhause, das Armenhaus war nicht mehr, und das einzige Zuhause das es noch gab, es war in mir. Niemand sonst liebte mich und ein Zuhause muss ein Ort sein, wo man sich geliebt und wohl fühlt, frei von Angst und Kummer. Ich traf jedoch auch auf meinen leiblichen Bruder, den Juliana nicht verstoßen hatte. Er war zwei Jahre älter als ich und daher auch gerade beim Heer. Er war der anerkannte Sohn der Eichers und ich sah ihn zum ersten Mal beim Bundesheer. Ich schämte mich kurzfristig dafür, kein Zuhause zu haben und nicht heimzufahren, und entschied mich mutig, mit meinem leiblichen Bruder zu meiner leiblichen Mutter mitzufahren. Es war zwar nicht wirklich mein Zuhause, aber die Menschen dort waren ja schließlich mit mir verwandt. Natürlich war niemand wirklich erfreut,

mich dort zu sehe und ich war froh nicht zu wissen, was sie wirklich gedacht und gefühlt hatten, als
ich in der Tür stand. Karl gehörte
schließlich so richtig zur Familie
und ich war nur das schwarze
Schaf. Genau dies verdrängte ich
tapfer und versuchte das Weihnachtsfest einfach für mich zu genießen. Es war, wie es war. Ein
Lichtblick kam jedoch am Christtag
von meiner Mutter Juliana. Sie sagte
etwas für sie ganz Untypisches. Sie
wies uns an, nach Gleisdorf zu fahren und ein Bild von uns Brüdern
machen zu lassen. Einfach um eine
Erinnerung an uns zu haben. Es war

sehr seltsam, etwas fast Menschliches von ihr zu hören. Ich und
Karl teilten uns die Kosten für das Bild und so habe ich es noch bis
heute.

Beim Bundesheer lief weiter alles recht gut für mich, bis auf ein
schmerzhaftes Erlebnis, dessen Narbe noch heute von einer tiefen
Wunde an meinem
Fuß zeugt. Ich
rutschte bei einer
Übung auf der
Seetaler Alm beim
Abrüsten unglück-
lich ab. Auf den
Rest der Bundes-
heerzeit kann ich
bis heute glücklich
zurücksehen. Am

Ende wurde der Sold abgerechnet und ich bekam achthundert

Schilling in die Hand. Ich lauschte mit gespitzten Ohren der Abschiedsrede Leutnant Wurzers, der einige berührende Worte für uns übrig hatte. Es war für mich das höchste Maß an Anerkennung, als er mir die Hand zum Abschied schüttelte und mir alles Gute auf meinen Weg mitgab. Ich ging richtig gestärkt aus der Bundesheerzeit hinaus, obgleich ich gerne geblieben wäre, mich jedoch meine nicht vorhandene Ausbildung daran gehindert hatte. Dankbar erinnere ich mich an diesen Lebensabschnitt, der mir den nötigen Selbstwert schenkte sodass ich vom ängstlich stotternden Fritzl zum aufrecht gehenden Gottfried Eicher geworden war.

Auf ins Ungewisse!

Da war ich nun, frisch vom Bundesheer, mit achthundert Schilling im Hosensäckel, aber keinem Dach über dem Kopf. Die Vollpension Bundesheer war nun für mich geschlossen. Mir blieb nichts weiter übrig, als nach Hofstätten zurückzufahren und darauf zu hoffen, dass Juliana mich vorübergehend bei sich unterkommen lassen würde. Ich musste mir schließlich so schnell wie möglich Arbeit besorgen, um genügend Geld zusammenzusparen, um für mein Leben aufkommen zu können. Das Gefühl, in einem Haus zu leben, in dem man unerwünscht und geradeso geduldet wird, machte mich jedoch verrückt. Ich musste dringend weg. Gott sei Dank konnte ich bald darauf bei der Baufirma Seywald & Sauer als Hilfsarbeiter Anstellung finden. Der elendslange Arbeitsweg mit dem Fahrrad nach Gleisdorf, mit dem Bus weiter nach St. Leonhard, anschließend mit der Straßenbahn zum Hauptbahnhof und schließlich mit dem Zug nach Gösting zur Arbeitsstätte, war sehr mühsam. Ich hatte dort Pferdelazarette aus dem Krieg abzureißen. Alle Mühe steckte ich in diese Arbeit, um schnell genug Geld zusammenzubekommen. Tonnenweise Beton musste hier weggebracht werden, und das erschöpfte mich bis zum Abend sehr. Doch dieses Mal wurde ich endlich für meine harte Arbeit entlohnt. Jeden Freitag stand der Lohnvorschuss ins Haus und ich erhielt einen stolzen Stundenlohn von vier Schilling und sechzig Groschen. Bereits nach drei Wochen rechnete sich mein Fleiß und ich bekam eine Lohnerhöhung auf fünf Schilling pro Arbeitsstunde zugestanden. Ein tolles Gefühl! Nach einiger Zeit konnte ich mir ein Puch-Motorrad um viertausend Schilling kaufen und die Fahrschule machen. Ich war nirgendwo gemeldet und so reichte ich ersatzweise mein Wehrbuch bei der Fahrschule Spiegel in Graz ein. Es war ein großer Schritt für mich, dennoch musste ich noch von meinem Zuhause auf Zeit flüchten. Ich wollte nur noch weit weg, um nicht mehr von meiner elenden Vergangenheit eingeholt werden zu können. Nie mehr mochte ich mich in der Nähe meiner leiblichen Eltern aufhalten, die nichts als Verachtung für mich übrig gehabt hatten. Regelmäßig durchforstete ich die Zeitungen, um Arbeit im Ausland zu finden und meine Zelte hier endlich abbrechen zu können. Dann, bald darauf, die rettende Nachricht vom Betonwerk Hötzl! Ich hielt gemeinsam mit einem Kollegen eine Arbeitsbewilligung für das Werk in Karlsruhe in den Händen. Ich war außer mir vor Vorfreude und Hoffnung auf ein echtes, selbständiges Leben. Sofort wurden neue Kleidung, ein Koffer und das Ticket ins neue Leben nach Karlsruhe besorgt. Niemand würde

mich vermissen, niemand konnte mich jetzt mehr verachten und mich mit Eiseskälte aus dem Haus ekeln. Der Zug brachte mich raus aus der Vergangenheit, ab in eine unbekannte Welt. Ich war voller Euphorie und konnte es kaum erwarten, Österreich den Rücken zu kehren. Ich ließ schließlich nichts Wertvolles zurück und so wanderte ich 1960 in meine neue Heimat Eggenstein/Karlsruhe in Deutschland aus. Die Firma stellte Wohnungen für uns achtzehn Arbeitskräfte aus aller Welt. Was wollte ich mehr?

Ich hatte eine Unterkunft, wusch meine Wäsche selbst und war auch mit meiner Arbeit sehr zufrieden. Ich arbeitete Akkord an einer Plattenpresse und bekam einen guten Lohn für die harte Arbeit. Sonntags konnten wir es uns leisten, in eine nahegelegene Gaststätte einzukehren und ein gutes, ausgiebiges Mittagessen zu genießen. Ich sparte hart für mein erstes Auto, einen VW- Käfer mit vierunddreißig PS. Es war ein Wahnsinn! Ich hatte ein eigenes Auto erarbeitet.

Es tröstete mich über die Post aus Österreich hinweg, dass mein Bruder Karl mein Puch-Motorrad respektlos zu Schrott gefahren hatte. Im Sommer 1961 bekam ich eine Hochzeitsein-ladung von meinem Bruder Karl aus Österreich. Ich wusste, dass mich dort niemand respektierte und genau aus diesem Grund wollte ich nun die Gelegenheit nutzen, es allen zu zeigen. Zwei Tage Urlaub und eine dreizehnstündige Autofahrt nahm ich im August auf mich, um mit meinem VW-Käfer, mit deutschem Kennzeichen, bei der Hochzeit vorzufahren.

Alle machten große Augen und staunten nicht schlecht, dass ich ohne fremde Hilfe mitten im Leben stand und mir sogar schon ein Auto leisten konnte. Es war eine gute Entscheidung und meine einzige Möglichkeit gewesen, meiner leiblichen Familie zu zeigen, dass ich mich trotz allem niemals unterkriegen lassen würde. Ich hatte mich vom ausgelieferten Jungen zu einem selbständigen Mann gemausert. Es gab mir Kraft und Gewissheit aus innerer Stärke, das Ruder scheinbar noch einmal herumreißen zu können.

Bei all der schweren Arbeit im Werk versuchten meine Kollegen und ich unsere knappe Freizeit so gut wie möglich auszukosten. Wir nannten unsere Wochenenden daher gerne „Abenteuerurlaub". Wir zelteten in der Natur, grillten Fasanen am offenen Feuer und schwammen im Rein wie die Fische. Es war einfach herrlich und entschädigte für den harten Arbeitsalltag.

Ich war so zufrieden mit diesem neuen Lebensgefühl und dachte ich hätte den schlimmsten Teil meines Lebens hinter mir gelassen, in Unwissenheit rannte ich jedoch geradezu auf einen noch viel tieferen Abgrund zu.

Die Fremdenlegion

Es war an einem schönen Abend, an dem wir ausgelassen zusammensaßen, Bier tranken und mit attraktiven jungen Damen anbandelten. Wir waren rundum zufrieden, bis mir plötzlich wahnsinnig schwindelig wurde und ich das Bewusstsein verlor. Als ich zu mir kam, fand ich mich mit drei meiner Kollegen eingeschlossen in einem Kastenwagen wieder. Was war nur mit uns passiert? Panisch und volltrunken von einem Gift, das man uns untergemischt haben musste, versuchten wir, uns umzusehen. Wir befanden uns in einem Dämmerzustand, wir bekamen einerseits alles mit, konnten andererseits aber nicht richtig handeln oder uns bewegen. Ich wünschte es wäre nur ein böser Traum, aus dem ich bald erwachen würde. Niemals mehr wollte ich meine Freiheit verlieren und schon glitt sie mir wieder durch die Finger. Wo waren wir nur gelandet?

Es waren plötzlich Männer bei uns, sie hielten uns Papiere unter die Nase und wollten, dass wir diese Schreiben unterzeichneten. In unserem Dämmerzustand hatten sie die Gewalt über uns und wir mussten Folge leisten. Es vergingen unfassbare zwei Tage, während dessen wir im Kastenwagen vegetierten, ohne Orientierung und richtigen Bewusstseinszustand. Aus dem Zustand der Ohnmacht erwacht, folgte der nächste Schock. Wir befanden uns auf Korsika und man hatte uns mit unserer Unterschrift im Kastenwagen unfreiwillig zu „Freiwilligen Fremdenlegionären" gemacht. Wir hätten uns mit dieser Unterzeichnung für fünf Jahre freiwilligen Dienst gemeldet. Die Situation lähmte mich, ich hatte so hart für meine Freiheit gekämpft und so kurz hatte diese glückliche Seite des Lebens gewährt. Das konnte doch einfach nicht wahr sein. Ich war wieder ein Gefangener, ohne Kontrolle über mein eigenes Leben und ohne Aussicht auf Flucht. Man sagte uns, wir seien jetzt Teil der französischen Fremdenlegion und hätten die Aufgabe,

Aufständische niederzuhalten, im Staat Tschad irgendwo im Nirgendwo. Wir würden nun einer viermonatigen militärischen Ausbildung unterzogen werden und anschließend im Tschad, in Afrika, für Ruhe und Ordnung sorgen müssen. Das waren die spärlich gehaltenen Informationen, die wir erhielten. Die Eindrücke übermannten uns. Wir konnten uns gar nicht vorstellen, was uns blühen würde, bis wir zum körperlichen Test gerufen wurden. Die Bauchmuskeln wurden überprüft, indem sie uns auf unsere ungespannten Bäuche stiegen, Liegestütze bis zur Erschöpfung wurden gefordert und Schläge ausgeteilt oder wir wurden mit kaltem Wasser übergossen. Bestrafungsmöglichkeiten, die nach Lust und Laune angewandt wurden, hatten sie damals viele. Es war ein Albtraum, in dem keine Zeit zum Denken blieb. Alle, die nicht den körperlichen Anforderungen der Ausbildner nicht entsprachen, wurden in Autos weggebracht. Niemand hat sie mehr gesehen. Es folgte Wasser- und Schlafentzug, was mich fast verrückt machte. Wir zerbrachen fast an den furchtbaren Bedingungen, denen man uns aussetzte. Wer macht so etwas nur? Doch für das Denken blieb keine Zeit, auch gegessen wurde nur im Stehen, und gerade so viel, dass man nicht zu Tode kam. Es war die Hölle: schreckliche Bedingungen und erdrückende Ungewissheit, auf welchen Kampf wir hier nur vorbereitet wurden. Viele Kameraden fielen vor Erschöpfung und körperlicher Überlastung um. Ich schlängelte mich immer irgendwie durch, hatte ich in meiner Kindheit doch auch nichts anderes erlebt. Es tat nur so weh, wieder gefangen und körperlichen und psychischen Qualen ausgeliefert zu sein.

Wir waren dauererschöpft und fielen abends vor Müdigkeit zu Boden, oft auch ohne uns noch den Schweiß vom geschundenen Körper zu waschen. Um zwei Uhr früh war wieder Tagwache und der Morgensport und Kampf ums Überleben ging in die nächste Runde. Wir hatten blutige Zehen mit schmerzhaften Blasen und Pilzinfektionen und hörten nur: „Ein Legionär kennt keinen Schmerz!" Immer länger wurden die Fußmärsche und immer schwieriger die Hindernisläufe, die dazwischen auf uns warteten. Wir gingen oft bis zu achtzig Kilometer weit und mussten uns über Felswände hochziehen und Klippen überqueren. Es wurden immer gefährlichere Hindernisse ausgesucht und es gab bald nicht nur Schwerverletzte, sondern bei den Felsüberquerungen auch die ersten Toten. Auch bei der Ausbildung mit den Waffen kam es zu Verletzten und Toten. Versuchte man, sich mit einer Waffe oder anders seinen Freitod zu erringen, so kam man in ein Gefangenenlager, das man nicht überlebte. Dies diente zur Abschreckung und machte uns auch diesen Fluchtweg aus dem Leben zunichte. Mehr und mehr gaben wir unsere Persönlichkeit auf und beugten uns unserem Schicksal. Was hätten wir sonst machen sollen? Niemand hörte unsere Schreie. Niemand suchte nach uns.

Nach vier Monaten des harten Überlebens ging es zu einer Parade nach Paris. Wir bekamen eine Uniform, wurden offizielle Legionäre und mussten mit den Franzosen ihren Nationalfeiertag feiern. An Flucht war wieder nicht zu denken und gleich darauf waren wir in Zentralafrika in der Republik Tschad gelandet. Hier herrschte seit 1966 Bürgerkrieg nach der Entlassung aus der Kolonialherrschaft Frankreichs 1960, wie ich heute weiß. Die Regierung des Tschads hatte danach Frankreich um Hilfe gebeten. Damit aber nicht französische Söhne für den Tschad bluten mussten, versuchte man international Männer meist unter Zwang dafür zu gewinnen und zwar unter dem Deckmantel der „Freiwilligkeit". Ein Verbrechen. Damals hatten wir kaum Informationen und mussten blind wie Marionetten handeln, ohne Abweichungsmöglichkeiten. Wir hatten als Fremdenlegionäre die Interessen der Franzosen im Ausland zu wahren. Das war unser offizieller Auftrag. Wir waren das Kampfinstrument Frankreichs, ohne ihre eigenen Männer opfern zu müssen. Der Ehrenkodex eines (zwangsverpflichteten) Fremdenlegionärs lautete etwas unpassend: „Legionär, du bist ein Freiwilliger, der Frankreich mit Ehre und Treue dient." Als Elitesoldaten trainierten wir unerbittlich und wurden zu tödlichen, leeren

Hüllen ausgebildet, die nicht mehr dachten, sondern nur noch ausführten. Wer über sein Handeln nachdachte, war bereits tot. Es gab nun nur noch einen übergeordneten Satz in unserem Kopf, der uns Tag und Nacht auf Schritt und Tritt begleitete: Bereit sein ist alles! Wir waren keine Menschen mehr, sondern Elitesoldaten, die zum Überleben stets schneller, leiser, überlegener sein mussten, mit all unseren Sinnen. Alles andere hatte nun keinen Platz mehr in uns. Es ging nur noch darum auf der Lauer sein vor der tödlichen Gefahr, um schneller zuschlagen und die Gefahr ausschalten zu können, mit dem Messer in einer Hand und mit dem Sturmgewehr in der anderen…

Als alle Aufständischen ausgerottet waren, mussten wir alle Leichen aus dem Dorf schaffen, um Frauen und Kinder wieder hineinlassen zu können, nachdem all ihre Männer und Väter von uns ausgelöscht worden waren. Von unserer Seite gab es wenig Verluste, was unsere Überlegenheit demonstrierte. Es war schrecklich, doch es war damals zwangsläufig mein Leben. Manchmal versuchte ich für einen kurzen Moment eine Erklärung für das alles zu finden, was mir bis heute nicht gelingt. Schnell neigte sich unsere Verpflegung dem Ende zu, und es begann wieder der Kampf ums Überleben. Wir schlachteten wilde Hunde und grillten sie über dem offenen Feuer. Sie alleine retteten uns vor dem Hungertod. Auch zu Trinken hatten wir kaum, da die Aufständischen das Trinkwasser vergiftet hatten, um uns mürbe zu machen.

Der grausamste Einsatz war unsere persönliche, psychische Hölle, bei der Frauen und Kinder als lebendige Schutzschilder missbraucht wurden. Es war so schrecklich, wie man es sich kaum ausmalen kann, auf Befehl auf eine Mauer von lebenden, hilflosen Frauen mit ihren kleinen, unschuldigen Kindern zu feuern. Wir hatten keine Wahl, keinen Ausweg ihr Leben verschonen zu können, worauf die Aufständischen jedoch gehofft hatten. Es tat schrecklich weh, ihnen nicht helfen zu können und als Täter missbraucht zu werden. Wir mussten jedoch aufhören zu trauern, denn es waren zu viele Opfer, deren Leben wir ausgelöscht hatten. Wir hatten damit zu tun, nicht wahnsinnig zu werden und uns unsere Taten nicht bewusst zu machen. Denn wenn uns keine Kugel oder kein Messer getötet hätte, dann hätten uns unsere Taten umgebracht, die unserer Gewissen nicht hätte tragen können. Wir waren schließlich vor kurzem noch normale Menschen gewesen, die nun als Elitesoldaten kämpfen mussten. „Bereit sein ist alles", und denken war „nichts" in dieser Zeit. Wir nannten die Araber „die Gurgeldurchschneider", da sie lautlos aus dem Hinterhalt kamen und einem die Kehle durchschnitten. Unser Zug war immer in Alarmbereitschaft, stets angespannt und bereit, unser Leben bis auf das Letzte zu verteidigen. Dieser angespannte Zustand erschöpfte einen bis aufs Letzte. Oft passierte tagelang nichts und man wusste nicht genau, ob man schon wieder umzingelt war, oder nicht. Das Leben wurde uns stets zur Hölle gemacht, kleinste Vergehen wurden mit aller Härte bestraft, Dieben wurden die Hände mit einem Bajonett auf einem Tisch abgehackt…

Es war die Hölle und unser Alltag in unserem neuen Leben. Drill, Schießen, Nahkampf waren die Hauptinhalte unseres grausamen Tagesablaufes. Deserteure bekamen immer Extradrill, jedoch ohne Waffe, um sich nicht selbst die erlösende Kugel versetzen zu können. Immer wieder versuchten verzweifelte Soldaten sich auf die Flucht oder in den Tod zu begeben – wurden sie dabei erwischt, gab es harte Prügelstrafen, denen wir alle beiwohnen mussten. Wir hatten „Habtachtstellung" einzunehmen und genau hinzusehen. Danach mussten die Ungehorsamen Sandsäcke und Steine schleppen, bis sie zu Boden gingen und wurden anschließend acht Tage in einen Blechcontainer eingeschlossen, in der brütender Hitze Afrikas. Sie waren verloren. Sie starben vermutlich bestialisch an Austrocknung in dieser grausamen Blechbüchse. Unsere Märsche dauerten Tage und wurden immer härter. Unser Leben hing ständig an einem seidenen Faden und jede Sekunde drohte dieser zu reißen. Wir lebten ständig ohne Informationen und es blieb immerzu nur das hoffnungslose Spekulieren, was in der Wildnis des Tschads noch auf uns warten würde.

Bald darauf sickerte durch, dass wir auf dem Weg in eine von Rebellen umzingelte Stadt waren, die wir wieder unter Kontrolle bringen sollten. Die Rebellen hatten sich unter Kamelreiter gemischt und hatten tödliche Waffen bei sich, die in Donner und Rauch aufgingen, und Hände, Füße und sogar Köpfe wie leblose Gegenstände durch die Luft schleuderten. Sie hatten den Sprengstoff unter ihren Kleidern versteckt und wir verloren dadurch sehr viele unserer Soldaten. Jede Minute hätte in dieser Situation meine letzte sein können. Zwischen den schallenden Schüssen und den lauten Explosionen begann ich zu Gott zu beten, dass er mich aus diesem Rattenloch holen möge und mich nicht hier sterben lassen solle.

Der Kampf ging weiter und unsere Leute erspähten immer wieder Rebellen unter und um uns. Wir hatten den Auftrag, sie schnellstens zu vernichten, da sie uns schon so viele Soldaten gekostet hatten. Nur die Offiziere blieben am Leben, damit man sie noch verhören konnte. Verletzte Kamele standen auch ganz oben auf unserer Liste. Wir erschossen sie, damit ihr Fleisch unseren Hunger und ihr Blut unseren Durst in der brütenden Hitze stillen konnte. Wir aßen auch Schlangen und anderes Getier, um nicht nur den Kampf gegen die Rebellen, sondern auch den nackten Kampf ums Überleben zu bestreiten... Nach einem Monat im Rattenloch ging es wieder auf Lastwägen ins Ungewisse. Wir fuhren durch ein Dorf mit nahezu verfallenen Lehmhütten, deren Abwässer in offenen Rinnen in der Dorfmitte zusammenliefen. Es war ein so trostloser Anblick. Gleich darauf fiel mein Blick auf ein kleines Mädchen, an dessen Gesicht sich tausende Fliegen tummelten, sodass es kaum sehen konnte. Doch für einen Augenblick trafen sich unsere Blicke und ich sah in ihren weißen, fahlen Augen den Ausdruck des Leides, wie ich ihn zuvor noch nie gesehen hatte. Sie und die anderen Kinder waren übersät mit eitrigen Beulen und Krusten und ihre dürren Körper waren lediglich in Lumpen und Fetzen gehüllt. Meine Augen wollten vor diesem Anblick flüchten, doch konnten sie nicht von ihr ablassen. Ich glaubte ein winziges Lächeln auf ihrem Gesicht erkennen zu können und streckte ihr reflexartig eine Dose Käse hinaus, als der Lastwagen langsam an ihr vorbeirollte. Nach kurzem Zögern griffen ihre dünnen Finger, die nur noch Haut und Knochen waren, nach ihr. Ich war erleichtert mit irgendetwas, wenn auch nur einer kleinen Dose, aushelfen zu können. Ich erkannte in der Armut und dem Leid dieses Mädchens, dass ich doch noch mehr war als eine Maschine. Ich hatte tatsächlich noch ein Fünkchen Menschlichkeit in mir, die man mir noch nicht geraubt hatte…

So hielt ich mich wieder krampfhaft am Glauben zu Gott fest und wusste tief in mir: „Gott macht den Krieg nicht. Es sind lediglich die Menschen!" Immer wieder sah ich Tote über Tote und war froh noch am Leben sein zu dürfen. Ich versuchte gerade einzuschlafen, als der Donner einer gewaltigen Explosion die Nacht erschütterte. Jemand hatte uns unbemerkt angegriffen und es hatte uns schwer erwischt. „Zusammenstellung zur Feststellung!", hieß für uns, dass wir die zerfetzten Körperteile unserer Kollegen wie Puzzles zusammenstellen mussten, um ihre Identität zu klären. Diese Bilder waren so abartig grausam, dass man nicht wusste, ob man nachts je wieder ein Auge zubekommen würde. Bald darauf fanden wir heraus, dass ein gefangener Araber unser Lager mit einer Handgranate, die er in seinem Unterkleid versteckt gehalten hatte, in die Luft gesprengt hatte. Sein hinterhältiger Plan tötete siebzehn unserer Männer und wir zählten zwölf Schwerverletze… Es gab ständig einzelne Feuergefechte. Wieder wurden wir angegriffen. Genauer gesagt wurden wir aus allen Richtungen beschossen. Ein Guerillakrieg, bei dem man eben nicht wusste wo der Feind sich befand, war einfach nervenzermürbend. Ich wundere mich bis heute, wie ich diese Einsätze immer wieder überlebt habe, denn die einen wurden erschossen, die anderen in die Luft gejagt oder von wilden Tieren und Skorpionen getötet, starben an Durst, Hunger oder Selbstmord durch Verzweiflung… So viele Möglichkeiten, denen ich entrinnen konnte.

Es kam ein Befehl, einen Hinterhalt in einem Dorf zu legen. Ich hasste diese heimtückischen Pläne, denen immer auch so viele Unschuldige zum Opfer fielen. Wir beobachteten wie die älteren Einheimischen Tabak kauten und wieder ausspuckten während die Frauen Holz und Stroh auf ihren krummen Rücken mühsam zu den Hütten schleppten. In ihren faltenreichen Gesichtern sah man weder Trauer noch Glück, sie wirkten ganz teilnahmslos. Sie hatten wohl ein hartes Leben. Normalerweise waren Esel ihre Transportmittel und Helfer, doch diese ausgemergelten Tiere fielen der Hitze zum Opfer und konnten sich durch den argen Wasser- und Nahrungsmangel kaum noch selbst auf den Beinen halten. Meine hungerdurchdrungenen Gedanken hatten eigene Pläne mit diesem halbtoten Esel. „ Sie wären grade noch für einen Braten gut.", kam mir bei ihrem Anblick in den Sinn. Wie Tiere lebten die Menschen hier, geschlagen von Armut, Hunger und der Dürre, die das Land zu einem unbarmherzigen Fleck ausgetrockneter Erde machte. Der Wüstenwind Schirokko trug auch noch sein Übriges dazu bei und verklebte einem die Augen und Nasenflügel, genaugenommen jede Pore des Körpers von Mensch und Tier.

Auf unserem weiteren Weg lagen arabische Farmen und wir hatten den Auftrag den ganzen Kamm „sauber zu machen". Als wir in einem Dorf eintrafen, rückten alle Frauen auf einen Haufen zusammen und benahmen sich auffällig und verängstigt. Wir vermuteten sofort, dass sie mit den Rebellen zu tun hatten, und wollten sie zum Reden bringen. Auf ihr Schweigen hin, sollten wir sie in eine Hütte bringen und in Brand stecken. Daraufhin war ihr Redefluss deutlich besser geworden. Ein Mann unter ihnen machte sich zum Redeführer und behauptete, er würde uns zu einem Waffenlager bringen können. Bald darauf standen wir unter Beschuss, daraufhin setzten wir uns hart zur Wehr und binnen zwanzig Minuten war alles rund um uns tot. Wir folgten dem Wortführer über Berg und Tal, ohne zu wissen, ob seine Worte eine Reise wert sein würden oder er uns nur an der Nase herumführte. Nach einem langen Fußmarsch behauptete der Araber, er könne das Versteck nicht mehr finden, was gleich darauf zu seinem Todesurteil führte. Der Offizier feuerte sein halbes Magazin leer, um seine Wut auszudrücken. Das Blut lief aus seinem Körper wie durch ein Nudelsieb und sein Leben verschwand aus seinem durchlöcherten Körper. Solche schrecklichen Anblicke waren zu unserem Alltag geworden.

Eine große Aktion kündigte sich an und das gesamte Regiment nahm daran teil. Wir waren unter einer Kuppe der Hügelkette postiert als die Nacht anbrach und wir uns zum Kampf bereithielten. Mir pochte das Herz in der Brust und mein ganzer Körper stand unter Spannung. „Bereit sein ist alles!" Da waren sie nun, ohrenbetäubende Donner zogen über uns in Form von mehreren B26-Bombern hinweg und ließen ihre vernichtenden Ladungen am Gipfel des Hügels nieder, wo wir die Rebellen vermutet hatten. Als die Bomben einschlugen, bebte der Boden und wir spürten förmlich die Vernichtung, die sie anrichten würden. Nach zwei Stunden Bombenhagel legte sich ein leiser Schleier des Grauens über die Hügelkette, auf der sich der Bombennebel schlängelte. Es roch nach dem Tod. „Auf zum Nahkampf!", hallte es plötzlich durch die Stille nach dem Sturm. Ich wischte mir meinen Schweiß von der Stirn, als ob ich die vergangenen Stunden mit fortwischen konnte. Wir hasteten über die kahle Kriegslandschaft, der jegliches Leben entflohen war als, wir wie auf dem Präsentierteller unter Beschuss genommen wurden. Wir waren dem Feind ausgeliefert, doch unserer Feuerschutz ließ wie durch ein Wunder nicht lange auf sich warten, und so machte man einige überlebende Rebellen ausfindig und löschte sie aus. Unsere Truppe wurde jedoch schwer verwundet. Angstvolle, schmerzverzerrte, durchdringende Schreie und Laute stießen rundherum durch die Nacht. Es war grauenvoll, wie die Soldaten litten und hier am Feld starben. Dennoch konnten wir weder den Verwundeten helfen, noch die Toten betrauern, da wir unsere Haut retten mussten und uns bis zum Gipfel vorzukämpfen hatten. Erst vom höchsten Punkt aus konnten wir dem grauenhaften Kampf endlich ein Ende setzen und die restlichen Rebellen besiegen. Der Tod klebte an uns wie das Blut, das durch die Gegend spritzte und wollte Besitz von uns ergreifen. Man musste versuchen abzuschalten, und die Verwundeten betreuen. Die Offiziere waren zufrieden, auch wenn wir unzählige Mann verloren hatten. Der Hauptmann spendierte Dosenbier und Cognac, als würden wir einen Bewerbssieg auf einem Trainingslager feiern und nicht am Schlachtfeld weilen. Einige Tapfere wurden für die Korporalschule vorgeschlagen, wer ablehnte wurde als potentieller Deserteur angesehen. Ich versuchte es mit der Ausrede, noch mehr Erfahrungen sammeln zu wollen und dem gerecht werden zu können. Mein ICH spielte jedoch, nach über einem Jahr im Tschad, wieder mit dem Gedanken zu fliehen. Tief in mir war noch etwas Kampfgeist und dieser Geist befahl mir, mein Leben wieder zurückzuholen, wenn ich nur den Funken einer Chance verspüren sollte.

Nach zehn langen Tagen Blutvergießens gab es keinen Tropfen Wasser, um uns die Spuren der Schlacht vom Körper zu waschen und die Sehnsucht nach dem Regen stieg ins Unermessliche. Wieder mussten wir in Ungewissheit ausharren und warten bis wir den nächsten Befehl für einen Einsatz erhielten. Nach zwei Tagen wurden wir um zwei Uhr nachts jedoch schon wieder auf Lastkraftwagen gepfercht. Endlich kam der Regen und prasselte auf die Planen nieder, die uns vor ihm schützten. Wir wünschten uns vergeblich, dass der Regen all die Grausamkeiten der letzten Schlachten wegspülen und unsere Erinnerungen verwischen würde. Denn die Bilder des Gemetzels waren quälende Wegbegleiter, die einen wahnsinnig machten. Die schaukelnde Fahrt mit dem Lastkraftwagen beruhigte mich schließlich und erinnerte mich an eine tröstende Mutter die ich nie hatte. Es war als würde sie mir meine Tränen trocknen.

Bald darauf hatten wir ein neues Lager aufzuschlagen. Der Regen brachte die Kälte über das Land und erschwerte uns den Aufbau des Lagers. Danach hieß es wie immer: „Bereit sein ist alles!" Als die Sonne aufging, besiegte sie die Regenwolken, wie auch wir die Rebellen besiegt hatten... Ich verfiel darin, wieder über mein Leben nachzudenken, um herauszufinden, warum ich immer einen Weg fand, noch tiefer sinken zu können. Warum reichte das Leid, das ich in der Kindheit erfahren hatte, nicht schon aus? Warum kam nach dem vermeintlichen Frieden wieder der Sturm und fegte mich direkt in die Hölle? Warum muss man gar nicht mehr tot sein, um in der Hölle zu leben? Ich war wütend, sehr wütend und diese Wut verwandelte sich langsam wieder in Resignation. Bereit sein ist vielleicht doch alles!

Nun wurden die Legionäre nach dem langen Kampf ausgemustert. Die Verletzten wurden abgeholt und die Leichtverwundeten mussten hier weiter ihr Dasein fristen. Kurze Zeit lang wünschte ich mir auch ein Loch im Bauch... Wir nahmen den Trainingsalltag wieder auf. Ein Kamerad hatte seine Brille verlegt und konnte somit die Schießübung nicht bestehen. Ich half ihm heimlich, sie wieder aufzutreiben, damit er einer schlimmen Strafe entging. Sein Leben hing an einer verlorenen Brille, die ich glücklicherweise unbemerkt für ihn aufgefunden hatte. Weinend fiel er mir um den Hals vor Erleichterung, hatte er zuvor doch schreckliche Angst gehabt, sie nicht mehr zu finden. Es gab ständig Grund, um sein Leben zu fürchten, auch wenn man nur seine Brille verloren hatte, konnte diese Tatsache schlimmstenfalls zum Tod führen. Das Leben eines Einzelnen war hier wertloser, als man es sich nur vorstellen kann.

Kurze Zeit darauf waren wir alle wieder in Warteposition, da uns irgendwo hinter dem Hügel Rebellen auflauerten. Was soll aus diesem todgeweihten Land jemals wieder werden? Wir sahen bei einer Lehmhütte komischerweise zwei Schweine stehen, die ganz und gar nicht in diese tote Umgebung passten. Waren sie ein Geschenk Gottes? Schneller als meine Gedanken es erfassen konnten, wurden sie geschlachtet und steckten auf einem Spieß über dem Feuer. Auf einmal hatten wir auch noch Rotwein zu trinken, was mir gewaltig zu denken gab. „Ja, es war toll! Aber was war das hier nur? Soll das unsere Henkersmahlzeit sein?", kam mir in den Sinn. Nach dem Essen kam wirklich sofort der Befehl des Abbaus unseres Lagers. Es sickerte durch, dass wir mit dem Lastkraftwagen auf eine große Stadt namens N'Djamena zusteuerten. Der erfolgreiche Krieg in den Bergen sollte wohl nun auf den städtischen Straßen weitergeführt werden. Mann gegen Mann! Ich wusste, dass die Wahrscheinlichkeit, im Straßenkampf zu sterben, viel zu groß sein würde, und man sich auf Dauer nicht durchschlagen können würde. Eine schnelle Entscheidung musste her. Will ich aussichtslos auf der Straße sterben oder ein Fünkchen Hoffnung in meine Flucht setzen?

Ich wollte leben und das sahen ein Portugiese, ein Spanier und ein Deutscher gleich wie ich. In der Wüste konnten wir nicht entkommen, aber hier in der Stadt hatten wir andere Möglichkeiten, die wir in unseren Fluchtplan einbauten. Wir erfuhren auch noch, dass die übriggebliebenen Legionäre nach der Säuberung der Stadt nach Madagaskar weiterverschifft werden würden. Es lag nun klar auf der Hand: „Jetzt oder nie!" Würde unsere Flucht scheitern, würden wir durch eine Handgranate in den Tod fliehen, um auf jeden Fall dieser Hölle hier den Rücken zu kehren und nicht im Straflager für Deserteure unser Leben lassen. Das hatten wir vier uns felsenfest versprochen! Der Entschluss war gefallen für den Frieden im Tod oder dem zurückerkämpften Leben. Wie es auch ausgehen würde, wir würden den Frieden gemeinsam finden!

Auf der Flucht

Schwer bewaffnet und unter Hochspannung schlichen wir in einer Nacht-und-Nebel-Aktion an einer alten Hütte vorbei, als einige Araber unseren Weg kreuzten. Angst stieg in uns auf, würde unsere Flucht schon bei den ersten Schritten enden? Wir hatten Glück, die Araber schienen sich vor uns zu fürchten und so ergriff unser Portugiese die Chance am Schopf und versuchte mit einigen Brocken Arabisch zu erklären, dass wir friedlich waren und auf der Flucht vor der Legion Hilfe bräuchten. Sie konnten uns schlimmstenfalls auffliegen lassen, dennoch mussten wir es riskieren, denn unsere Uniform machte uns die Flucht auf Dauer unmöglich. Trotz beidseitigen Misstrauens wiesen sie uns an, ihnen in eine Hütte zu folgen. Das Herz schlug mir bis zum Hals, wir wussten nicht, ob sie uns in eine Falle locken würden, doch sie boten uns Tee und später auch etwas zu essen an. Alles wirkte friedlich, doch sollte man dem Frieden normalerweise nie trauen. Tröstlich war nur der Gedanke, dass meine Zeit als Fremdenlegionär auf jedem Fall vorbei war – tot oder lebendig! „Es kommt, wie es kommt!", verdrängte ich meine Gedanken. Nach dem Essen und dem ersten Kennenlernen nahm das Vertrauen langsam auf beiden Seiten zu und wir erklärten ihnen die ganze Situation. Die Araber schienen uns zu verstehen. Es lag nun an ihnen, was sie mit diesen sensiblen Details über uns machen würden – helfen oder ausliefern.

Unser Leben lag nun in den Händen der Araber. Zwei von ihnen waren offenbar Schmuggler und wollten ebenfalls aus dem Land fliehen und wollten tatsächlich mit uns gemeinsam die Flucht antreten. Welch ein Glück! Wir konnten perfekt voneinander profitieren. Wir konnten ihnen durch unsere Ausbildung Schutz und wertvolle Tipps fürs Überleben bieten und sie konnten uns unauffällig kleiden und den Weg weisen und vor allem die Sprache sprechen. Mit den langen Araberkleidern und unseren unrasierten Bärten gingen wir auf jeden Fall in der Masse unter und konnten unsere Waffen unter den Gewändern gut verstecken. Wir hatten vier Handgranaten, ein Messer, einen Dolch und ein Bajonett am Gürtel befestigt. Unsere Verkleidung war gelungen. Unser nun sechsköpfiges Flüchtlingsteam musste sich auf den Weg über Bongor nach Kamerun aufmachen. Mit der Angst begleitete uns auch die Hoffnung auf ein besseres Leben in Freiheit. Wir schafften die Grenzüberquerung nach Kamerun und hatten somit die erste Hürde genommen. Wir ritten auf Kamelen bis zum 2460 Meter hohen Adamauerpass, von dem aus Lastkraftwagen in alle Richtungen unterwegs waren. Die Araber sorgten mit ihren Kontakten und jeder Menge Schmiergeld dafür, dass wir bald auf einer Ladefläche Platz fanden und in guten Händen waren. Danach dauerte es vierzehn Tage, bis wir endlich am Meer in Douala ankamen. Die Stimmung war gespannt und gedrückt, würde jetzt etwas schieflaufen, war alles zu Ende. Stets hielten wir unsere Waffen unter unseren Kleidern zur Abwehr bereit.

Zwei Schiffsarbeiter lieferten uns den wichtigen Hinweis, dass bald ein Bananenfrachter nach Spanien auslaufen würde. Wir mussten auf einen Wink eines Arabers warten, der uns an Board lotste, als die Luft rein war. Unter Hochspannung suchten wir fieberhaft nach einem Versteck zwischen den Bananenkisten, um unerkannt über den Schiffsweg Richtung Heimat zu entfliehen. Hastig suchend stießen wir auf ein Loch, das sich als Versteck für uns gut eignete und in dem wir verharren konnten. Der Abend legte sich aufs Meer und unsere Situation war das erste Mal seit achtzehn langen, schrecklichen Monaten vielversprechend. Wir mussten nun nur noch auf diesem viermal fünf Meter großen Raum zusammenbleiben und konnten nichts weiter tun, als abzuwarten. Für die Verrichtung unserer Notdurft konnten wir uns einen Kübel organisieren, den ein Schiffsarbeiter gegen Bares für uns entleerte. Von Zeit zu Zeit brachte man uns auch zu essen und zu trinken. Viel Ballast fiel hier von uns ab, da wir nicht jede Sekunde unsere

Haut retten mussten. Wir hatten Zeit, uns zu unterhalten, zu hoffen, zu beten und vorübergehend zur Ruhe zu kommen. So hatten sich auch die Araber vom Feind zum Freund entwickelt, wir waren nun Verbündete. Wir vertrauten ihnen nun auch eine unserer Waffen an, damit auch sie sich im Notfall verteidigen konnten. Ganze neun Wochen lang war dieser Bananenfrachter, der auf dem atlantischen Seeweg nach Portugal unterwegs war, unser Zuhause. Mit jedem Tag und jeder Welle, der wir entgegensteuerten ließen wir die Hölle mit ihren Qualen, dem Training, dem Schinden und Töten weit hinter uns und liefen im Hafen Fernando in Portugal ein. Jetzt kam die Spannung wieder in uns hoch und der Ernst der Lage holte uns wieder ein. Wir mussten auf den richtigen Zeitpunkt warten, um unerkannt das Schiff zu verlassen und eine Möglichkeit finden, weiter zu fliehen. Aus dem Nichts tauchten zwei Männer auf, die wir als Bedrohung warnahmen. Doch das Gegenteil war der Fall, sie informierten uns darüber, dass wir auf ein Lichtzeichen vom Festland warten und danach schnell von Board gehen und auf einen Obstwagen umsteigen sollten.

Wir warteten gespannt auf das Zeichen und wenige Zeit später befanden wir uns auf dem LKW, der uns für eine hohe Summe Schmiergelt weiterbeförderte. Mit europäischer Kleidung versteckten wir uns zwei Tage zwischen der Fracht, bis wir auf einen anderen LKW umsteigen mussten. Für unseren portugiesischen Kameraden war die Reise hier zu Ende und unsere Wege trennten sich. Wir wussten, wir würden auf ewig durch dieses Erlebnis verbunden bleiben, niemals würde dieses unsichtbare Band zwischen uns reißen. Für uns ging es weiter über die Grenze nach und durch Spanien… Wir schwitzten Blut bei jeder Grenzüberquerung, doch Obstlader wurden scheinbar so gut wie nie kontrolliert. „Welch ein Segen!", dachten wir leiderprobten Flüchtlinge. Bald darauf verließ uns der spanische Kollege und für uns Übrige ging es über die französische Grenze in das Land, das den unfreiwilligen Legionärsdienst zu verantworten hatte. Es war ein schreckliches Gefühl, dieses Land zu durchqueren, doch die ordentlich ausgefüllten Frachtpapiere ließen keinen Zweifel aufkommen, und wir konnten ungehindert passieren. Nun ging es weiter nach Genua, Mailand und anschließend endlich Richtung Freiburg. Angekommen konnten wir endlich aussteigen und richtig durchatmen. Auch dieser Fahrer war ebenso für uns zum Retter geworden wie viele zuvor, die uns unsere Flucht möglich gemacht hatten. Zwei deutsche Fahrer halfen mir und meinem deutschen Kollegen dann weiterzukommen.

Wir konnten uns bei einer Tankstelle erstmals frisch machen. Ein herrliches Gefühl! Ich entschied mich, meinen Bart noch zu behalten. Die Waffen gaben wir als Bezahlung den LKW- Fahrern, die diese wiederum am Schwarzmarkt verkaufen konnten. Als eine Raststation kam, konnte ich endlich duschen. Es war überwältigend! Das Wasser lief über meinen geschundenen Körper und ich stand tatsächlich in einem Waschraum mitten in der Zivilisation in Deutschland. Ich konnte es kaum glauben. Ich genoss das Gefühl während ich die Barthaare, die mein Gesicht versteckten von meinem Körper trennte. Ich sah in den Spiegel und sah einen Mann der augenscheinlich viel durchgemacht hatte. Wer war dieser Mann nun nach alledem? Ich wusste es nicht, ich wusste nur, er war nicht mehr derselbe geblieben, der vor zwei Jahren aus einem Lokal entführt und verschleppt worden war. Tränen stiegen in mir hoch. Es waren Tränen der Freude und Tränen des Leides, das mir wiederfahren war. „Wer bin ich jetzt und wo soll ich nun hin?", fragte ich mich stumm. Wartet mein Leben noch irgendwo auf mich? Ich wusste es nicht. Ich wollte meine Gedanken auf etwas Besseres richten, denn ich war endlich frei! Ich habe es überstanden! Ja, ich bin am Leben! „Bereit sein, ist nicht mehr alles, bereit sein ist nun vorbei!", rief es laut in mir. Immer wieder überkam mich der Gedanke und die Angst, möglicherweise zu träumen und jeden Moment im Tschad aufzuwachen, doch ich versuchte, diese

Gedanken zu verdrängen. Viele Überlegungen und Ängste kreisten in meinem Kopf.

Der Moment des Abschieds von meinem letzten Kameraden stand an. Er wollte nach Berlin und ich per Anhalter weiter nach Eggenstein gelangen. Es war ein emotionaler Moment. Ich war wieder auf mich alleine gestellt und wusste nicht was mich in Eggenstein erwarten würde. Schließlich war ich vor zwei Jahren spurlos verschwunden. Würde sich jemand an mich erinnern? „Gibt es mich hier noch?", fragte ich mich ängstlich. Wie sollte ich mein Verschwinden erklären? Quälende Fragen machten sich in mir breit, dennoch hatte ich keine Antworten berat. Mir fiel ein, dass auf Deserteure ein Kopfgeld stand, und wusste, die Angst würde mich noch länger begleiten. Ich fühlte mich noch verfolgt und beobachtet und hoffte stets, mich zu irren.

Verloren in der Freiheit

„Frei, aber wohin mit mir?", stellte sich mir die erdrückende Frage. Ich tat was ich zuvor getan hatte und machte mich auf ins Betonwerk, ohne mich weiter meinen Gedanken auszuliefern. Ich heuerte wieder bei der alten Firma an, die mich erneut einstellte, mit der Begründung, immer fleißige Arbeitskräfte zu benötigen. Mir fiel ein Stein vom Herzen, die erste Hürde zurück in mein altes Leben, genommen zu haben. Ein härterer Brocken kam mit meinen alten Kollegen auf mich zugerollt. „Wo kommst du denn auf einmal her?" „Wo bist du denn abgeblieben in den letzten Jahren?", durchbohrten sie mich mit Fragen. Ich hatte gewusst, dass diese Fragen auf mich zukommen würden, dennoch hatte ich keine befriedigende Erklärung für sie, die ich preisgeben hätte wollen, noch hätte man sie mir vermutlich abgekauft. „Niemand hier würde je verstehen, was ich in den letzten zwei Jahren durchgemacht habe", war ich mir sicher und schwieg. Ich zuckte lediglich mit den Schultern und ließ ihren Meinungen über mein Verbleiben freien Lauf. Es war nicht wichtig was sie dachten, es war nur wichtig, dass ich aus der Hölle hatte flüchten und direkt aus dem Krieg wieder an meine Arbeit im Betonwerk anschließen konnte. Ich wollte einfach nur Gras über diese schreckliche Zeit wachsen lassen und mich wieder normal fühlen.

Ein früherer Kollege hatte mir meinen uralten Koffer aufbewahrt und zu meinem größten Erstaunen stand mein VW- Käfer unberührt auf dem Firmengelände. „Ist denn dieses Glück zu fassen?", dachte ich mich ungläubig und freute mich zum ersten Mal wieder wahnsinnig über ein Ereignis. Bis auf die fehlenden Kennzeichen hatte mein Auto in seiner vollen Pracht geduldig auf meine Rückkehr gewartet. „Ist denn das zu fassen?!", dachte ich voller Freude in mir. Ich war wohl endlich aus meinem Albtraum aufgewacht und konnte weiterleben, wie ich es mir zuvor hart erkämpft und erarbeitet hatte. Gott sei Dank!

Nur die Abwesenheit des anderen, ehemaligen Kollegen, der mit mir zusammen verschleppt worden war, zeugte davon, dass es die Legionärszeit und die Hölle im Tschad wirklich gegeben hatte. Er hatte vermutlich weniger Glück gehabt und bereits sein Leben für Frankreich gelassen.

Als die Firma neue Arbeitspapiere für mich ausstellte, feierten wir unter Kollegen meine Rückkehr in die Firma gebürtig, und leerten den Kühlschrank bis drei Uhr morgens. Ich feierte für mich die erneute Chance, mein Leben in die Hand zu bekommen und meine Träume und Ziele zu verfolgen. Später erzählte ich meine Geschichte manchen Kollegen spärlich und umrissartig, aber ließ diese ganze Grausamkeit nicht mehr in mir wachsen. Kaum einer war verwundert über den unfreiwilligen Legionärsdienst, hatten sie das alle doch schon öfters wo gehört. Überrascht war man nur über mein Entkommen aus dem Tschad. Wie auch immer, nun war ich wieder zurück an meinem alten Platz, und innerhalb von knapp zwei Wochen war ich angemeldeter Bürger Eggensteins und alles schien wie früher zu sein. Es war wohl wie früher, nur ich war ein anderer geworden. Als ich meinen alten, verstaubten Koffer öffnete, überkam mich die Freude. Mein Reisepass, mein Führerschein, alte Fotos, alles was mich ausmachte, hatte nun wieder zu mir zurückgefunden. Es war wirklich ein tolles Gefühl, wieder offiziell mit Ausweis, wieder ich, Gottfried Eicher, sein zu können.

Ständig fragte ich mich, warum mich das Leben so schwer in die Mangel nahm? Gab es einen tieferen Sinn? Hatte das Leben noch etwas mit mir vor, weil es mich nun schon ein zweites Mal davonkommen ließ? Oder war das alles nur ein grausames Spiel? Das alles durfte nicht umsonst gewesen sein! Ich lag nachts allein im Zimmer und betrachtete den Sternenhimmel und war nachdenklicher geworden als je zuvor. Die anderen saßen im Wirtshaus und erholten sich mit Bier vom stressigen Arbeitsalltag und ich sah mir einfach nur den prächtigen Sternenhimmel an, der im Tschad wohl derselbe gewesen war. Doch beim Kampf ums Überleben kann man das Leuchten der Sterne nicht genießen und in ihrer Ruhe und ihrem Frieden baden. Ich dachte über meine Zukunft nach. Was war mir nun wichtig? Was würde meinem Leben Sinn geben? Nie zuvor hatte ich so klare Gedanken gefasst wie in dieser September-nacht 1965. Meine Zukunft sollte mir ein Heim mit einer wunder-vollen Frau und Kindern bringen. „Eine Familie ist das einzige, was meiner Zukunft einen Sinn geben könnte!", dachte ich ent-schlossen. Ich sehnte mich nach der Geborgenheit eines Zuhauses und der Liebe einer Frau. Mit diesen wunderbaren Gedanken zog es mich zurück zu meinen Wurzeln nach Österreich, um mich nach einem Bauplatz und einem netten Mädchen umzusehen. Ich wollte keine Frau nur zum Vergnügen, ich wollte ein Mädchen zum Hei-raten, um eine liebevolle Familie zu gründen und ein schönes Le-ben aufzubauen.

In Gleisdorf angekommen erschlug mich der Quadratmeterpreis von zweihundertfünfzig Schilling für einen Bauplatz. Diese Sum-me war für mich unmöglich leistbar. Ich suchte Juliana, meine leib-liche Mutter auf, um einige Tage bei ihr unterzukommen, bevor ich wieder nach Deutschland musste. Sie hatte wie immer kein nettes Wort für mich übrig, und es war wirklich nur eine Notlösung, bei ihr und Herrn Eicher zu übernachten. Sie hielt mich nach all den Jahren immer noch für schmutzig und wertlos und wollte nicht dass ich mir in der Gegend einen Bauplatz kaufe, geschweige denn vorhatte, eine Familie zu gründen. „Jemand mit deiner niedrigen Bildung kann keine Familie ernähren!", waren ihre eiskalten Wor-te. Was in Gottes Namen wollte sie mir denn noch absprechen? „Mit welchem Recht verbietet sie mir, eine Familie zu gründen?", fragte ich mich fassungslos. „Aber was kann man auf die Meinung einer Frau geben, die ihr eigenes Fleisch und Blut so behandelt? Nicht sehr viel!", sagte ich mir tröstend und suchte noch eifriger nach einem erschwinglichen Grundstück. Bald darauf hörte ich von einem Grundbesitzer, der sich scheiden ließ, und dringend Baugrund loswerden wollte. Ich witterte meine Chance und kam schnell mit ihm ins Geschäft. Am neunten Oktober 1965 unterschrieb ich den Kaufvertrag für einen Baugrund in Freiberg bei Gleisdorf und machte damit einen folgeschweren Fehler, der mir noch viel Nerven und Geld kosten würde. Meine Euphorie, meinen Zukunftsplänen näherzukommen, hatte mir großen Ärger eingebracht. Ich hatte nicht nach einem Wasseranschluss gefragt und dieser Anfängerfehler machte mir schwer zu schaffen, da fünf weitere Käufer und ich lediglich das Wasserrecht hatten, jedoch keinen Anschluss. Ich war einem unfairen Geschäft auf den Leim gegangen, auch die Käufer der Nachbargrundstücke erging es nicht anders. Es half nichts, ich musste schnell handeln, bevor ich zur Arbeit nach Deutschland zurückfahren musste, und holte einen Rutengeher, der mit einer Metallrute eine Wasserquelle gefunden haben wollte. Heute weiß ich, dass Ruten ausschließlich aus natürlichem Holz sein müssen, um ein exaktes Ergebnis anzeigen zu können. Ich musste auf sein Urteil vertrauen und gab dem Brunnenbauer Uitz den Auftrag, den Brunnen während meiner Abwesenheit zu graben.

Ich brauchte das Geld nun dringender denn je und ging voller Tatendrang wieder an die Arbeit im Betonwerk in Deutschland, mit der Vision im Kopf, ein Haus auf mein Grundstück zu bauen. Bevor ich mich auf den Weg machte, musste ich noch einer Herzensangelegenheit nachgehen, die mir bisher verwehrt geblieben war. Ich wollte einfach nur noch meine Mutter sehen und erinnerte mich an die Adresse, die mir mein Armenhausbruder beim Bundesheer genannt hatte. Ich konnte es kaum erwarten und wurde fast magnetisch zu ihrem Wohnort gezogen. Ich erblickte ein Haus mit einem Nebengebäude, als ich mit dem Auto dort ankam. Wie selbstverständlich lief ich in das Nebengebäude, worin ich meine Mutter, Frau Hammer, auf einer Bank sitzend vorfand. Sie war alt geworden und ihre Augen waren nicht mehr sehr gut. Ich rannte zu ihr und rief: „Mama, ich bin da!" „Du bist der Fritzl!", erklang ihre liebevolle Stimme. Sie erkannte mich und es machte mich unheimlich stolz und froh, dass doch noch jemand auf dieser Erde Freude über mein Wiedersehen empfand. Ich setzte mich zu ihr und nahm ihre Hand. Alle alten, vertrauten Gefühle kamen wieder in mir hoch und es war als wäre es gestern gewesen. Sie war „meine Mutter der Liebe", bei der ich durch bloße Berührung das Gefühl der Sicherheit, Wärme und des Trostes empfand. Es war so heilend diesen wunderbaren Menschen wieder sehen zu dürfen. Gott hatte uns wieder zueinander geführt. Es war unglaublich schön, sie neben mir zu wissen. Von diesem schönen Tage an besuchte ich sie bis zu ihrem Lebensende und es gab mir Frieden, wenn sie mich beim Abschied fragte: „Fritzl, kommst du eh wieder?" Nichts wollte ich lieber tun, als sie wieder aufzusuchen.

Zu Weihnachten hatte die Firma geschlossen und ich kam über die Feiertage zurück nach Österreich und zu meiner Baustelle, auf der ich ein fünfzehn Meter tiefes Loch fand, weiter nichts. Die Arbeiter hatten alle über Weihnachten frei. Ich war enttäuscht, denn ich wollte weiterkommen mit der Baustelle, und nun blieb mir nichts anderes übrig, als wieder zu meiner leiblichen Mutter Juliana zu fahren und nicht-besinnliche Festtage in ihrem Haus zu verbringen. Wiederholt wollte sie mir meine Baupläne und alles was mit einer glücklichen Zukunft in Gleisdorf zu tun hatte, ausreden an meinem ersten Weihnachten nach dem Tschad. Es war wie immer enttäuschend von solchen Menschen umgeben zu sein. Ich versuchte mich nicht beirren zu lassen und stark zu bleiben. Ich musste an mich glauben, niemand sonst tat es, bis auf Frau Hammer, die es nun wieder in meinem Leben gab.

Zurück in Karlsruhe konzentrierte ich mich auf die Arbeit und das verdiente Geld und ließ meine Gedanken über den Hausbau schwelgen. Schließlich ging es um mein zukünftiges, eigenes Heim, in dem ich mich wohl und willkommen fühlen wollen würde. Ein schöner Traum, der umgesetzt werden musste. Ich nutzte den Osterurlaub 1966, um zur Baustelle nach Gleisdorf zu fahren und nach dem Brunnen zu sehen, doch man war noch immer nicht auf Wasser gestoßen. Ich versuchte ruhig zu bleiben und verschob meine Träume und Wünsche auf den nächsten Österreichbesuch. Nun traf mich fast der Schlag und ich kippte beinahe aus den Schuhen! Herr Uitz verlautete:" Da gibt es kein Wasser, Herr Eicher!" Ich wurde beinahe verrückt als ich diese Hiobsbotschaft zu Ohren bekam. „Das kann doch nicht wahr sein?", dachte ich entsetzt. Der Brunnen war achtunddreißig Meter tief und staubtrocken. Ich musste schnell eine Lösung finden und holte einen Rutengeher aus Kirchbach auf mein Bauland. Dieser Mann der ebenfalls mit einer Metallrute den Grund ablief, behauptete, wir hätten acht Meter daneben gegraben. Mein Misstrauen und die Angst, wieder zu scheitern waren groß, doch ich musste Entscheidungen treffen, um meinem Ziel näher zu kommen. Ich beauftragte den Brunnenbauer schließlich erneut, an der neu ausgemachten Stelle mit dem Brunnengraben zu beginnen. Im Herbst kam ich wieder, um die Arbeit zu begutachten, doch es kam wie es kommen musste. Auch an dieser Stelle fand sich kein Tropfen Wasser, sondern nur eine saftige Rechnung von 64.000 Schilling für zwei unnütze Gräben auf meinem Baugrund.

Auf meinem Grund gab es also kein Wasser und um darauf zu kommen verschleuderte ich Geld, mit dem ich einen Rohbau geplant hatte. Ich war erschüttert. „Was soll ich nur tun? Gibt es noch eine Lösung oder bleibt alles nur ein Traum?", fragte ich mich angsterfüllt und mutlos. „War ich verloren?" Es half alles nichts, auch die Gemeinde wollte mir nicht helfen und meinen Nachbarn war es ähnlich ergangen bei ihrer Wassersuche. Es war eine Frechheit! Loswerden würden wir diese Grundstücke auch nicht mehr, da niemand einen Baugrund ohne Wasser kaufen würde. Wir blieben also darauf sitzen und konnten nur das Beste daraus machen. Zu Weihnachten 1966 blieb mir dann nichts anderes übrig, als mein zweites Ziel in Angriff zu nehmen und eine Frau fürs Leben zu finden. Das lenkte mich von meinem Misserfolg ab und gab mir neuen Mut. Ich besuchte viele Abendveranstaltungen und Bälle und traf auch hin und wieder auf alte Gesichter und plötzlich war SIE da! Ich war gerade dabei, den Eintritt an der Gasthaustür zu bezahlen, als ein bildhübsches Mädchen meinen Blick kreuzte. Es war wie Magie und mit nichts mehr zu überbieten, sodass ich sie nicht mehr aus den Augen lassen konnte. Ich war geradezu elektrisiert von ihrer grazilen Art sich zu bewegen, ihrem sanftmütigen Lächeln und vom warmen Strahlen ihrer wunderschönen Augen. Ich hatte sie noch nie zuvor gesehen und dennoch nutzte ich die Gunst der Stunde kurz vor Mitternacht, um sie um einen Tanz zu bitten. Meine Hände zitterten und waren schweißnass vor Nervosität, mit diesem Traummädchen einen Tanz zu wagen. Unsere Körper berührten sich und ich roch an ihrem glänzenden Haar. Das unbekannte, traumhafte Mädchen das mich verzauberte, trug den schönen Namen Rosa. Während ich ihren Herzschlag spürte, schwebten wir über den Tanzboden, im Takt der steirischen Volksmusik. Ich fühlte an jenem wundervollen Abend, dass ich mein Herz an die bildhübsche, junge Rosa verloren hatte. Die Liebe traf mich wie ein Blitz und ich war über beide Ohren in dieses Mädchen verschossen. Nach drei zauberhaften Abendstunden musste ich mich wieder von Rosa trennen, doch wir gaben uns das Versprechen, uns wiederzusehen. Ich wusste von diesem Moment an, dass Rosa die Frau meines Lebens sein würde. Nichts wollte ich lieber, als sie zu meiner Frau machen. Doch ich wusste, es würde schwierig werden, da ich keine Wohnung in Österreich besaß und ihr somit noch kein Heim bieten konnte. Ich wusste nur eins: Ich wollte dieses Traummädchen heiraten und nie wieder gehen lassen. Gleich am nächsten Tag besuchte ich sie bei ihrer Arbeitsstelle in einem Lokal und sie war so frei, mir ihre Mittagspause zu schenken. Mein Körper kribbelte und die Schmetterlinge der Verliebtheit breiteten sich in mir aus. Es war die Art wie sie mir verlegene Blicke und ein schüchternes Lächeln zuwarf, die mich um den

Verstand brachte und wohlige Wärme in mir aufsteigen ließ. Ich wünschte mir an dieser Stelle, dass diese schöne Verliebtheit noch mein ganzes Leben dauern und kein bisschen an Intensität verlieren möge. Es fiel mir schwer, ihr zu sagen. dass ich in Deutschland lebte und arbeitete. „Ich will dich heiraten, Rosa!", sprudelte es aus mir heraus. „Ich werde zu dir nach Österreich zurückkommen, da ich einen Baugrund in Freiberg erworben habe.", stammelte ich nervös weiter. „Dort soll unser Heim entstehen", erklärte ich weiter und sah in Rosas erfreutes, überraschtes Gesicht. Aber auch ich war überrascht, ihr meine Pläne und Wünsche erzählt zu haben. Diese Nachricht hatte auch etwas Trauriges, da ich wieder nach Deutschland zurückmusste. Ich sprach auch über das zerrüttete Verhältnis zu meiner leiblichen Mutter, da ich alle Karten auf den Tisch legen wollte, auch wenn es recht viel Information für das zweite Treffen mit meiner Liebsten war. Die Zeit der Mittagspause verrann und ich freute mich auf das nächste Wiedersehen. Ich blieb noch einige Wochen in Österreich und wir versuchten uns so oft es ging zu treffen und uns besser kennen zu lernen. Unsere Liebe wuchs mit jeder Minute, die wir gemeinsam verbrachten, ja, mit jedem verliebten Blick, den wir uns zuwarfen wurde das Band zwischen uns stärker und inniger. Mit den Worten „ Ich werde auf dich warten!", tröstete mich Rosa über den ersten Abschied hinweg, als ich im Februar wieder zur Arbeit in Karlsruhe erscheinen musste. Es folgte eine lange Zeit des Wartens, da ich frühestens Ende Sommer wieder nach Gleisdorf zurückkommen konnte. Es war eine schwere Zeit, doch das Band, das zwischen uns entstanden war, hielt dieser Zerreißprobe stand, da wir uns in der kurzen Zeit wirklich lieben und schätzen gelernt hatten. In Gedanken waren wir nie getrennt, sondern trafen uns in der Mitte und zauberten uns gegenseitig ein Lächeln auf unsere einsamen Lippen.

Immerhin hatten wir Briefe – lange, romantische Briefe – die uns über die Zeit der Trennung hinweghalfen, bis ich im Spätsommer endlich wieder den Weg nach Gleisdorf einschlug. Ich konnte es kaum erwarten, mein Traummädchen nach so langem, sehnsüchtigen Ausharren, wiederzutreffen und in die Arme zu nehmen. Doch leider hatte sie ihren Arbeitsplatz gewechselt und ich musste sie erst einmal wiederfinden. Schließlich gelang es mir, ihren neuen Arbeitsplatz in einer Pension in Laßnitzhöhe auszumachen und konnte nun endlich mit ihr die spärliche Freizeit genießen. Meine Rosa und ich hatten uns nach dieser langen Zeit ja vieles zu sagen. Sie erzählte mir, dass sie ihre Eltern über unsere Zukunftspläne eingeweiht hatte, und sie mich nun zu einem Kennenlernen auf den Hof einladen würden. Ich war froh, dass sie diesen Schritt gewagt hatte und es zeigte mir auch, dass sie es ernst mit mir meinte und wir das gleiche Ziel einer gemeinsamen Zukunft verfolgten. Ihre Brüder Karl, Toni, Hans und ihre Schwester Luise sowie Rosas Eltern schienen mich von Anfang an zu akzeptieren und mir fiel ein Stein vom Herzen. Unsere Pläne nahmen im August 1966 Form an, als wir uns für eine Verlobung am zweiten September entschieden, und nach Graz fuhren, um Ringe zu besorgen. Ich konnte es kaum fassen, als wir unsere Namen und das Datum der Verlobung in die Ringe gravieren ließen. Es war so schön, dass sich plötzlich alles realisierte. Wir ließen diesen Tag mit einem Sparziergang auf den Schlossberg ausklingen und genossen eine unglaubliche Fernsicht an diesem Tag. Es war als würde uns die Zukunft am Horizont zu Füßen liegen und uns einladen, unser Glück zu finden. Ich war überglücklich in diesem Moment und fühlte mich frei und ausgelassen. Erstmals liebte ich mein Leben und das Geschenk an meiner Seite, mit der ich gemeinsam den Schritt in die Zukunft wagte.

Vergebens versuchte ich Kontakt mit meinen leiblichen Eltern aufzunehmen und mein Glück mit ihnen zu teilen, doch sie wollten von mir wie immer nichts hören und sehen. Ich wollte mich nicht damit abfinden, es verletzte mich nach all der Zeit immer noch, egal wie oft ich mir einredete, dass sie mir nicht wichtig waren. Nach langem Hin und Her kam ich mit meiner Mutter doch überein, vorübergehend bei ihnen wohnen zu dürfen, bis der Keller meines Hauses fertiggestellt war. Ich hatte keine andere Wahl – wenn ich Rosa nah sein wollte musste ich es mit meinen Eltern unter einem Dach aushalten.

Unseren Hochzeitstermin hatten wir ein Jahr nach unserer Verlobung geplant und wollten uns am zweiten September 1967 freudig vor Gott das Ja-Wort geben. Rosas Chefin hatte diese Nachricht jedoch nicht gut aufgenommen und sehr beleidigend reagiert: „Um Gottes Willen, was tust du ihr denn an? Du weißt ja überhaupt nicht was die Zukunft bringen wird! Du kannst ihr kein bisschen Sicherheit bieten!" Ihre Worte waren wie eiskalte Stiche mitten in mein Herz, hatten wir uns doch beide füreinander entschieden.

Ein letztes Mal trat ich die Reise nach Deutschland an, um in den weiteren sechs Wochen noch alles zu erledigen. Vor meiner Abreise überkam mich das dringende Gefühl, meine dritte Pflegemutter Maria, die ich beim brutalen Bauern damals zurücklassen musste, zu besuchen. Es war mir dabei egal, auf den Bauern zu treffen, viele Jahre und Erfahrungen war ich nun reifer und ihm gegenüber längst überlegen, sogar unverletzlich geworden. In meinem Käfer machte ich mich auf den Weg nach Glawoggen, um Maria zu besuchen, die ich gebückt vor dem Schweinestall vorfand. Ich konnte in ihren müden Augen ihre Überraschung erkennen, mich wiederzusehen. Tränen der Wiedersehensfreude und Tränen der Trauer über die grausamen Bedingungen am Hof des Bauern wurden vergossen. Erleichtert rief sie meinen Namen und packte meinen rechten Arm: „Fritzl! Mein Bub, ich muss dir dringend etwas erzählen! Wie gut, dass du gekommen bist!" Verständnisvoll wandte ich mich zu ihr und hörte ihrer folgenden Erzählung zu. „Als ich vor einigen Tagen den Stall mit meinem Milcheimer verlassen hatte, kam eine mir unbekannte Frau die Hofeinfahrt herein", begann Maria zu schildern. „Ich wusste nicht, wie mir geschah, als sie mit ausgesteckter Hand auf mich zukam. Ich war nicht beunruhigt, im Gegenteil, ich hatte Vertrauen zu ihr. Als sie mich endlich erreichte, legte sie mir ihre ausgestreckte Hand auf die Brust und sprach: ‚Du bist rein!' Als ich sie fragte wer sie sei und was sie denn wollte, blieb sie stumm. Nachdem ich sie in die Küche gebeten hatte, war sie plötzlich spurlos verschwunden!", sagte Maria leise und so als ob sie mir ihr tiefstes Geheimnis offenbaren würde. Maria hatte auch mit dem Pfarrer darüber gesprochen, der ihr nur ernüchternd entgegnet hatte, dass sie keine Zeugen dafür habe …

Ich war froh, meiner inneren Stimme gefolgt zu sein, und Maria besucht zu haben, bevor ich nach Deutschland zurückging. Wir drückten uns ganz lange und fest die Hand und kommunizierten still miteinander ohne Worte zu benötigen, ganz wie früher, als wir beide noch das Leid zu tragen hatten, das der Bauer über uns gebracht hatte. Dieser Moment war so innig und überwältigend das es keine Worte dafür zu geben scheint. Deutlich konnte ich diese Kraft spüren, aber nicht benennen oder erklären. Dieser Moment des Wiedersehens und gleichzeitig des endgültigen Abschieds war nur uns zwei vorbehalten gewesen. Drei Tage nach unserer Begegnung erreichte mich die traurige Nachricht in Deutschland, dass Maria von uns gegangen war und mir wurde klar, dass sie mich vor ihrem Tod noch telepathisch zu sich gerufen hatte. Ich konnte mir nicht erklären, welche inneren Kräfte in mir erwacht waren, um diese Übernatürlichkeit wahrnehmen zu können.

Sechs Wochen später kam ich zurück von Karlsruhe, um endgültig in der Steiermark zu bleiben. Gleich darauf hatten wir einen Termin mit dem Pfarrer, um das Aufgebot zu bestellen und den Hochzeitstermin fix anzusetzen. Ein schwerer Schock ereilte mich jedoch an jenem Tag, als ich die Pfarrkanzlei betrat und jenen Pfarrer wiedererkannte, der mir einst als kleiner Junge sehr viel Leid zugefügt hatte. Er war kein Diener Gottes in meinen Augen, er war ein Scheusal. Es ging mir sozusagen „durch und durch", ihm wieder gegenüberstehen zu müssen, selbst nach dieser langen Zeit. Ich wusste mich kaum zu beherrschen, da alle Erinnerungen und grausamen Gefühle im Flug in mir hochstiegen. Ich wollte ihm sofort an die Gurgel springen, auch wenn ich vom kleinen, wehrlosen Jungen zu einem gestandenen 25-jährigen Mann herangewachsen war. Zunächst begann dieser Mensch die Daten meiner nichtsahnenden, zukünftigen Frau zu notieren, während ich um Fassung rang. Dann fragte er mich um meinen vollständigen Namen, meine Adresse und meinen Arbeitgeber. Stumm saß ich da und fühlte mich kurzzeitig völlig der Situation ausgeliefert. Doch ich war nicht mehr schwach! „Du warst doch einmal Kaplan in St. Margarethen an der Raab?", stellte ich ihn zur Rede und nannte ihn gleich beim Du. Ich war schließlich der Letzte, der ihm noch ein Fünkchen Respekt schuldig gewesen wäre. Verwirrt bejahrte er und fragte: „ Kennst du mich?" „ So ein Gesicht wie deines vergesse ich mein ganzes Leben nicht mehr!", entgegnete ich ihm forsch. „Ich bin Gottfried Eicher, ein Schüler den du einmal unterrichtet hast!", gab ich mich mit einem Blutdruck von 180 zu erkennen. Im selben Atemzug nannte ich die Namen meiner Kollegen, die ebenfalls auf das Tiefste Demütigung, Entwürdigung, Misshandlung und vieles mehr (was man sich heute ausmalen kann) erleiden mussten. „Ich bin Christ und will mich kirchlich trauen lassen, aber bei Gott nicht von dir!", fuhr ich mich lauter Stimme fort. Daraufhin schlug der Pfarrer entsetzt seine Schreibmappe zu und verließ wortlos und augenblicklich die Pfarrkanzlei.

Draußen war ich Rosa einige Erklärungen schuldig, da sie keine Ahnung davon hatte, was zwischen dem Herrn Pfarrer und mir gewesen war. Auf dem Heimweg erzählte ich ihr meine leidvolle Geschichte aus der Kindheit und welche Rolle dieser Pfarrer damals gespielt hatte. Rosa war sehr verständnisvoll und geduldig mit mir und dafür liebte ich sie so sehr. Viele warnten meine Braut vor mir und rieten ihr von einer Heirat mit mir ab, doch unsere Liebe war glücklicherweise stärker als die bösen Worte. Niemand konnte uns noch hineinreden, denn unsere Liebe war an dem Abend besiegelt, an dem wir uns zum ersten Mal begegneten.

Für unsere Trauung suchten wir uns einen anderen Pfarrer und bis zum Tag der Hochzeit arbeitete ich an den Plänen für unser zukünftiges Haus in Freiberg. Ich freute mich schon so auf den Tag, an dem ich den Keller unseres Hauses beziehen konnte und nicht mehr ein Zimmer bei meinen Eltern bewohnen musste, die ohnehin nichts für mich übrig hatten. Schlimmer noch, ich musste sie zu unserer Hochzeit einladen, gerade weil ich bei ihnen kurzfristig untergekommen war, wobei ich auf diese Einladung gerne verzichtet hätte. Ich regelte vieles im Zusammenhang mit dem Haus und bekam schnell wieder Arbeit in Österreich, genauer bei der Firma Katzenberger. Rosa und ich mussten zum Ehevorbereitungskurs gehen. Was für ein Schwachsinn! Warum soll man sich von einem Pfarrer erklären lassen wie man eine gute Ehe zu führen hat, wenn dieser selbst nie zuvor eine Gemeinschaft mit einer Frau eingegangen ist und auch nicht vorhat, jemals eine Ehe einzugehen, eine Familie zu gründen und Kinder zu bekommen? Wie kann mich ein Pfarrer über das Ehe- und Familienleben belehren, wenn er beides nicht kennt? Ein Familienberater, ein Lehrer und der Pfarrer waren zur Ehevorbereitung erschienen. Ich bekam schon Bauchschmerzen, als der Pfarrer zu reden begann und versuchte mich zwanghaft ruhig zu verhalten. Abschließend bot uns der Pfarrer an, Fragen bezüglich der bevorstehenden Ehe und zukünftiger Kinder an ihn zu richten. Doch niemand schien an seinen klugen Ratschlägen Interesse zu haben. Dies war meine Chance der Gruppe meine Meinung dazu mitzuteilen und ich rief: „ Hochwürden, ich hätte da schon eine Frage! Wissen Sie, was Ehe wirklich bedeutet, wenn Sie von Ehe sprechen?" Der Applaus der Gruppe unterbrach das schockierte Schweigen des Geistlichen, der im selben Moment ganz rot anlief. Auch der Familienberater und der Lehrer konnten sich kein Lächeln verkneifen, während der Pfarrer ohne Antworten vor uns stand. Ich bekam große Zustimmung von den anderen Paaren im Raum, während sich der Pfarrer rasch verabschiedete. So stand unserer Hochzeit nach diesem Eheseminar scheinbar nichts mehr im Wege, bis auf eine letzte Hürde.

Wir mussten zuvor noch zur Heiligen Beichte antreten, was mich an meine Grenzen brachte. Widerwillig kniete ich im Beichtstuhl nieder, obwohl nicht ich es war, der etwas zu beichten hatte… Nach einigem Wortwechsel fragte der Pfarrer schließlich: „ Hatten Sie vor ihrer Braut schon Geschlechtsverkehr?" Empört und aufgebracht von dieser taktlosen Frage antwortete ich zügig: „ Ja, sehr oft Herr Pfarrer! Wie oft, kann ich Ihnen leider nicht genau sagen, weil ich nicht Buch darüber geführt habe!" Danach stand ich verärgert auf und verließ aus Protest sofort den Beichtstuhl. Was erlaubte sich die Kirche mit solchen Fragen? Unzucht treiben und Keuschheit predigen? Selbst die Schüler waren vor der Unzucht Geistlicher nicht sicher! Tausende Jahre vor Christi haben Menschen schon zusammengelebt, ohne je im Beichtstuhl gesessen zu haben. Kamen diese Menschen alle in die Hölle, weil sie keinen fixen Ort hatten, um vor einem Pfarrer Reue zu zeigen? Dies war auf jeden Fall der letzte Beichtstuhl, den ich von innen gesehen hatte.

Am zweiten September 1967 war nun unser großer Tag gekommen. Um dreiviertel zwei waren wir verehelicht und ich hatte endlich meine Rosa und meine Rosa hatte von nun an mich. Ich wollte nichts lieber, als den Rest meines Lebens an der Seite dieser wundervollen Frau verbringen. Ich wollte sie aufrichtig lieben und ehren bis dass der Tod uns scheidet. Selbst nach dem Tod würde ich sie noch lieben, denn sie war die Eine, meine Rosa, meine Familie und mein ganzes Leben. Wir erlebten eine schöne, andächtige Trauung ohne Böller, die eine so schöne Stimmung nur vermiest, und mich an den Kriegszustand und mein grausames Leben im Tschad erinnert hätten. Im Gasthaus Schnabel luden wir zum Hochzeitsmahl und aßen und feierten ausgiebig unseren großen Tag. Alles war einfach und schlicht, zu essen gab es Backhendl und eine ausgezeichnete Hochzeitsmehlspeise, im Hintergrund lief eine Liederkassette. Meine Schwiegereltern übernahmen die Bezahlung des Essens. Zwei Kilo Heidenmehl bekamen wir ebenfalls als Hochzeitsgeschenk – ein wertvolles Geschenk zur damaligen Zeit – damit würden wir sechsmal kochen können. Auf eine Hochzeitsreise mussten wir damals verzichten, da wir während des Hausbaues eine magere finanzielle Geldlage hatten. Wir mussten so schnell wie möglich mit dem Erdaushub unseres Kellers beginnen, um rasch einziehen zu können. Rosa hatte wie immer Verständnis für unsere Lage und so zog sie mit mir gemeinsam vorübergehend bei meinen Eltern in ein Zimmer ein. Bei Rosas Eltern war leider kein Platz für uns. Ich arbeitete fleißig und hart bei der Firma Katzenberger in Graz und nach der Arbeit machte ich bei unserer Baustelle in Freiberg weiter bis spät in die Nacht hinein. Ich wollte jede Minute dafür nutzen, um den Keller fertig zu bekommen und mit Rosa von meinen Eltern auszuziehen. Täglich hub ich einen Kubikmeter Erde aus, eine sehr schweißtreibende Arbeit, die ich jedoch für mich und meine Rosa machte. Es machte mich glücklich und stolz, für uns arbeiten zu können. Bald darauf machte uns meine Mutter das Leben zur Hölle, indem sie ständig sagte, dass Rosa mein Untergang sei. Meine Rosa hatte mich erst zum Leben erweckt und könnte für niemanden ein Untergang sein, im Gegensatz zu meiner leiblichen, kalten Mutter. Meine Frau hat mich davor gerettet, an meiner Vergangenheit zu zerbrechen und mir gezeigt was es heißt, richtig zu leben, zu atmen und zu lieben. Berechtigterweise wollte Rosa nur noch weg von meinen leiblichen Eltern. Mitten in der Nacht klingelten wir dann an der Tür von Rosas Eltern, die uns selbst um diese Zeit noch mit offenen Armen empfingen. Es hieß nun für alle im Haus etwas zusammenzurücken, da eigentlich kein Platz mehr für uns gewesen war. Wir waren heilfroh und dankbar, von ihnen aufgenommen worden zu sein. Es war viel leichter zu leben, ohne diesen ständigen Anfeindungen meiner Eltern ausgesetzt zu sein. Die Zahlungen für unser Haus wurden immer mehr. Ich benötigte eine gebrauchte Bauhütte, für die ich auch noch siebenhundert Schilling hinblättern musste, obwohl die Firma sie nicht mehr benötigte. „Typisch Kaufleute, aber deshalb leben sie auch nicht länger!", dachte ich verärgert. Es war sehr schwer mit nichts ein Haus aufzubauen, und ich haderte deshalb oft mit Gott, warum uns niemand unter die Arme griff. Ich musste mir eine Mischmaschine, Schaufel, Kabelrollen, Meterstab, Nägel, Winkel, Beißzange, ja selbst einen Bleistift besorgen, weil ich weder etwas besaß noch etwas ausborgen konnte. Ich bekam nicht einmal eine Mauerschnur, obwohl der Mann meiner Mutter Maurer war und dachte wehmütig an jene Leute, die Hilfe von ihren Eltern erwarten konnten. Es war sehr schwer, alles alleine hinzubekommen, aber ich wollte durchhalten für mich, Rosa und unsere zukünftige Familie, die ich mir sehr wünschte. Ich musste nach vorne blicken und meine leibliche Mutter endgültig ausblenden. Zum Glück fand sich dann doch noch ein Verwandter, der mir sehr hilfreich sein würde. Onkel Heinrich, der Bruder meiner leiblichen Mutter Juliana Eicher, er war Maurer und brachte mir alles bei, was ich wissen musste, um meinen Traum vom eigenen Haus umsetzen zu können. Er zeigte mir, wie man den Bauplan liest und viele weitere notwendige Dinge, von denen ich keine Ahnung gehabt hatte. Das restliche Wissen, um mein Haus fertig zu bauen, hatte ich mir bei meiner Firma in Deutschland noch selbst angeeignet, um das Meiste alleine machen zu können und Geld zu sparen. Selbst den schweren Kellerträger schleppte ich nur mit meiner Muskelkraft. Mein Nachbar, der heutige Bürgermeister, half mir manchmal bei der Arbeit, weil er vermutlich sah wie sehr ich mich damit alleine herumplagen musste. Ich freute mich sehr darüber. denn die Meisten hier kümmerte einsame Schinderei am Bau kein bisschen, deshalb rechne ich es ihm heute noch hoch an nicht weggesehen zu haben. Gemeinsam betonierten wir die Kellerdecke, für die man auch dringend mehrere Helfer benötigte. Mein Bruder Karl und mein Onkel Heinrich vervollständigten die Arbeitstruppe. Es gab schon lange keinen freien Samstag oder Sonntag mehr und mein Eheleben bestand nur aus harter, schweißtreibender Arbeit bis zur Erschöpfung, fast jedenfalls… Denn als ich die Kellerdecke fertiggestellt hatte, erblickte unsere erste Tochter Brigitte im LKH Graz das Licht der Welt. Mein großer Wunsch, nach unserer Hochzeit unserer Familienplanung nachzukommen hatte sich erfüllt und ich konnte zum ersten Mal das schöne Gefühl in mir spüren, stolzer Vater geworden zu sein. Brigitte war ein Sonnenschein der wieder mehr Licht und Wärme in mein (unser) Leben brachte.

Nun begann ich mit dem Rohbau und trug jeden einzelnen Stein mit meinen eigenen Händen hinauf, und setzte mühsam Stein für Stein auf, um unser Zuhause wachsen zu lassen. Auch die schweren Träger musste ich per Hand durch die Gegend schleppen. Es gab noch keinen Betonmischer oder Kräne und sonstige Hilfsmittel. Man musste sich auf seine eigene bloße Muskelkraft verlassen. Um mich zu stärken und um diese Belastung jeden Tag durchzuhalten hatte ich ein Kraftgetränk. Es bestand aus rohen Eiern, Zucker und Rotwein und war mein wichtigster Energielieferant in dieser Zeit, denn der Schlaf fehlte mir. Mein Eifer war groß und ich war durch meine Vergangenheit schließlich Überlastung gewöhnt. Ich dachte mir oft: „Immerhin muss ich mich nicht fürchten von Aufständischen von der Mauer geschossen zu werden, sondern kann in Eile aber in Frieden meiner Arbeit nachgehen." Wie durch ein Wunder schaffte ich den Rohbau in meinem Zeitplan fertigzustellen und meine körperliche Kraft maximal auszuschöpfen. Mein Onkel Heinrich staunte vor dem fertigen Rohbau nicht schlecht. „ Wie hast du das alleine bloß so schnell fertiggebracht?", fragte er mich ungläubig. Ja, auch ich war sehr stolz auf meine Leistung und darüber, dass mein Roserl-Haus wuchs und wuchs. Wir mauerten dann den Kamin auf, der mitgezogen werden musste, als Töchterchen Brigitte gerade einmal sechs Wochen alt war. Rosa wickelte und stillte sie auf der Baustelle und schob sie mit dem Kinderwagen zum Schlafen in die Bauhütte. Die Mischmaschine wurde eingeschaltet und meine Frau musste mir Ziegel um Ziegel in die Hand geben, als ich auf dem Gerüst stand. Gemeinsam arbeiteten wir Hand in Hand an unserem Traum vom eigenen Zuhause. Dann waren die Steher an der Reihe und beim Deckenbetonieren brauchte ich dann wieder Hilfe von mehreren Leuten. Wir stellten mit einem Rad einen Dreifuß auf, einer zog den Kübel mit einem Seil hoch, der nächste nahm ihn und trug in zu den Helfern, die betonierten. Ich war verantwortlich fürs Mischen und was heute eine Arbeit von zwei Stunden wäre, beschäftigte uns trotz guter Arbeitseinteilung einen ganzen Tag lang.

Ich schuftete Tag und Nacht, bei der Firma Katzenberger war ich Akkordarbeiter, und bei mir am Bau die halbe Nacht auch noch schwer am Arbeiten bis mein Körper auch unter der Last schwächelte. Mir wurde immer öfter schlecht und bald darauf übergab ich mich öfter und erbrach dann plötzlich Blut. Meine Kraft neigte sich wohl und der Körper schlug Alarm. Ich wurde ins Landeskrankenhaus Graz gebracht und man vermutete, dass die schwere Arbeit mir eine Magenblutung einbracht hatte.

Den ganzen Sommer hatte ich wie verrückt gearbeitet, um nun acht Tage Auszeit im Krankenhaus zu haben. Man riet mir, einige Gänge zurückzuschrauben, würde ich lebend in unser Haus einziehen wollen. Ich sah nun auch selbst, dass ich vielleicht doch zu viel von mir erwartet hatte, doch es kam genau zur falschen Zeit. „Der Dachstuhl sollte gerade aufgeschlagen werden, und dass muss schließlich noch vor dem Wintereinbruch geschehen!", dachte ich getrieben von der vielen Arbeit die noch auf uns wartete. Rosa machte sich in der Zwischenzeit große Sorgen um mich und pflegte mich liebevoll wieder gesund. Ich musste nun mit der Arbeit am Bau etwas kürzer treten und es langsamer angehen und so blieb uns keine andere Wahl, als einen Zimmerermeister für den

Dachstuhl zu rufen, der Ende November mit seiner Arbeit fertig war. Nun ging es ans Dacheindecken und Spengeln. Das Problem, kein Wasser auf unserem Bauplatz zu haben, hatte sich in der Zwischenzeit auch nicht in Luft aufgelöst. Leider! Was nun? Wir hatten ein kleines Baby

und konnten schließlich nicht in den Keller unseres Rohbaus einziehen, ohne Wasser zu haben. So mussten wir uns dafür entscheiden nach Deutschland zu gehen.

Im Frühjahr packte ich also wieder meine Habseligkeiten zusammen und fuhr nach Karlsruhe und wurde problemlos wieder bei meiner alten Firma Hötzl angestellt, die mich Gott sei Dank noch in guter Erinnerung hatte. Ich wollte in Deutschland alles für meine kleine Familie vorbereiten, bevor ich sie zu mir holte, um einen neuen, gemeinsamen Lebensabschnitt zu beginnen. Der Plan war, wieder viel zu arbeiten und gutes Geld zu verdienen, meine Familie bei mir in Deutschland zu haben und mit dem Ersparten später wieder am Haus weiterzubauen. Eine andere Möglichkeit blieb uns damals nicht. Die Firmenleitung unterstützte mich bei der Wohnungssuche und so fand ich nach bereits drei Wochen ein günstiges Appartement über ein „Ersatzamt", das ich mir glücklicher-

weise leisten konnte. Meine Kollegen halfen mir, günstig erstande-
ne, aber noch schöne Möbel mit einem Firmenwagen zu transportieren und sich so ein Taschengeld dazuzuverdienen. Ich richtete
die Wohnung dann an einem schönen Sonntagvormittag richtig
gemütlich für mich und meine Familie ein und war höchst zufrieden mit meiner Entscheidung.

In den nächsten Tagen meldete ich dann die gesamte Familie Eicher reibungslos in der Gemeinde Eggenstein offiziell an. Es war
sehr aufregend, wieder einen neuen Lebensabschnitt zu beginnen
und mich wieder auf die vierzehnstündige Reise nach Österreich
zu meiner Rosa zu machen, um sie gemeinsam mit unserer Tochter
nach Karlsruhe zu holen. Nicht nur ich war aufgeregt – für Rosa,
die noch nie außerhalb von Österreich gewesen war, war die Reise
nach Deutschland ein unbekanntes Abenteuer. Voller Spannung
über Rosas Reaktion auf unser neues Zuhause in Eggenstein, steckte ich den Schlüssel ins Schloss unserer Wohnungstür. Ich wollte
ihr überraschtes Gesicht sehen, wenn sie die liebevoll eingerichte-
ten Räumlichkeiten zum ersten Mal betrat. Würde es ihr gefallen?
Würde sie zufrieden mit mir und meiner Arbeit sein? Rosa machte
mir mit ihrer Reaktion das schönste Geschenk, denn sie war ganz
hin und weg. Ich hatte das Gefühl, sie liebte es, die Einrichtung, die
aufgezogene, geblümte Bettwäsche, die Kaffeetassen und das Be-
steck, einfach alles. Mir fiel ein Stein vom Herzen und ich wusste,
wir würden uns hier vorrübergehend wohlfühlen können. Auch
einen Lebensmittelvorrat hatte ich bereits angelegt damit wir uns
vom ersten Tage an versorgen konnten. Alles lief nach Plan, ich
arbeitete wieder im Akkord, um genügend Geld für unser Haus in
Freiberg zur Seite legen zu können und Rosa kümmerte sich inzwischen um unsere geliebte Tochter und führte vorbildlich den
Haushalt.

Einige Wochen Urlaub in Österreich gönnten wir uns zu Weihnachten 1969, in denen ich wieder auf der Baustelle in Freiberg
vorrankommen konnte. Das Haus nahm zu unserer Freude schon

langsam Formen an, und mit diesem guten Gefühl fuhren wir wieder zurück nach Deutschland. Bald darauf wurde Rosa das zweite Mal schwanger. Wir freuten uns sehr auf unser zweites Kind, das wieder mehr Freude in unser Leben bringen würde. Die Freude über Rosas Schwangerschaft wurde jedoch von einer sehr traurigen Nachricht überschattet. Rosas Vater, mein Schwiegervater, war nach langer, schwerer Krankheit am ersten Mai von uns gegangen. Meine Frau war zu tiefst traurig, da wir ihm beim Begräbnis nicht mehr die letzte Ehre erweisen konnten. Rosa war zu dieser Zeit hochschwanger und war der vierzehnstündigen Reise nach Österreich in diesem Zustand nicht mehr gewachsen. Ich versuchte, sie in dieser schweren Zeit so gut es ging zu unterstützen. Der Tod gehört zum Leben und während Rosas Vater seine letzten Tage verlebt hatte, wuchs in Rosa neues Leben heran. Es ist ein ewiger Kreislauf, den wir nicht aufhalten können.

Am 14.Mai 1970 erblickte dann unsere zweite Tochter Angelika durch eine Hausgeburt in Eggenstein das Licht der Welt. Angelika, der zweite Sonnenschein in unserer Ehe, half meiner Frau über den Verlust ihres Vaters hinweg und trocknete ihre Tränen. Meine Freude und Dankbarkeit, noch ein zweites Wunder geschenkt zu bekommen, waren übergroß. Ich musste bald darauf für kurze Zeit zur Baustelle nach Freiberg zurück und wurde von drei Arbeitskollegen begleitet, die mir dann bei den Stemmarbeiten für die Elektrik zur Hand gingen. Geschlafen wurde im Gasthaus Saulauf. Für die Männer war es ein willkommenes Abenteuer, zwei Tage außer Landes zu arbeiten. Als wir alles für den Elektriker aufgestemmt und vorbereitet hatten, war unsere Arbeit erledigt und der Fachmann konnte loslegen. Wir fuhren die ganze Nacht durch, und mir gingen unzählige Dinge durch den Kopf, während meine Kollegen im Auto schliefen. Auch ich war erschöpft von der Arbeit, doch ich musste mit meinen Kollegen wieder rechtzeitig am nächsten Morgen die Arbeit in Deutschland antreten. Es war ein seltsames Gefühl, unser Haus zurückzulassen und Handwerkern zu vertrauen, denen man nicht auf die Finger schauen konnte, weil man vierzehn Autostunden vom Bau entfernt lebte. Ansonsten lief eigentlich alles recht gut, das Wasserproblem war jedoch immer noch aktuell und machte mir immer noch Kopfzerbrechen. In der Stille der Nacht kamen und gingen viele Gedanken, aber alles in allem wollte ich mich auf meine Zukunft mit meiner Familie freuen. Dieses Mal würde alles gut werden und nicht vor meinen Augen zerbrechen. Ich hatte es geschafft, ein glücklicher, liebender und geliebter Mensch zu werden. Ich war Vater zweier wunderbarer Töchter und mit meiner Traumfrau verheiratet. Ich hatte die Möglichkeit, diesen kleinen Geschöpfen die Liebe zu geben, die ich nie gehabt hatte und wünschte mir, ihnen alles zu erfüllen, was mir verwehrt geblieben war. Sie sollten ungehindert zur Schule gehen können und alle Chancen im Leben bekommen, die sie verdienen. Ich war sehr bemüht, alles richtig zu machen und wollte für meine Familie ein guter Ehemann und Vater sein.

„Wir sind da!", rief ich und erweckte die schlafende Truppe in meinem VW- Käfer. Nach einer kalten Dusche hieß es für uns wieder an die Arbeit gehen. Alles lief wieder weiter wie bisher. Arbeit über Arbeit und das alles für unser Heim in Freiberg. Ich hatte großes Glück mit meiner Rosa. Sie war eine so starke Frau und schaffte so vieles alleine und dafür schätzte und liebte ich sie sehr. Denn ich hatte leider sehr wenig Zeit für sie durch die unentwegt harte Arbeit.

Und wieder wurde es Weihnachten und Zeit, wieder nach Österreich zu fahren. Alle warteten schon auf uns und unsere zwei kleinen Mädchen, Brigitte konnte mittlerweile ja schon sprechen. Es war so lustig, da sie einen schwäbischen Dialekt hatte, und sie so niemand in der Steiermark verstehen konnte. Acht Tage vor dem Heiligen Abend packten wir Kind und Kegel in den VW-Käfer und fuhren in Richtung wahre Heimat Österreich. Wir verbrachten ein wundervolles Weihnachtsfest in unserem Haus. Wir – Rosa, Brigitte, Angelika und ich! Es war für mich das schönste Weihnachten, das ich bisher erleben durfte. An meine leibliche Mutter dachte ich nicht mehr, es machte auch keinen Sinn, ihr meine Töchter vorzustellen, da sie ohnehin nicht gewollt hatte, dass ich eine Familie gründe. Sie war nie Teil meines Lebens gewesen und das würde sich wohl nie wieder ändern.

Für fünfzehntausend Schilling ließen die Feistritzwerke unser Haus mit Licht erleuchten. Ich konnte es kaum erwarten meinen Lieben diesen schönen Anblick eines belebten Hauses zu zeigen. Freitagabends holte ich meine Frau, die Kinder und meine Schwiegermutter aufgeregt ab. „Kommt, kommt! Ich habe eine tolle Überraschung für euch!", sprudelte es nur so aus mir heraus. Ich half den Kindern, sich warm einzupacken und übte mich in Selbstbeherrschung, um nicht gleich die Überraschung platzen zu lassen. Niemand wusste so recht, was ich wieder im Schilde führte. Als wir zum Haus kamen, fielen schöne, sanfte Schneekristalle vom Himmel und umrahmten unser wundervolles Häuschen, dessen Fenster malerisch hell erleuchtet waren. Wir haben Licht! Das Haus strahlte nun Wärme, Fürsorge und Schutz aus und brachte Freude in unsere Herzen. Ich wollte diesen schönen Augenblick mit meiner Familie freudestrahlend teilen. Das Haus zeigte mir mit seinem schönen Antlitz, dass mein Schweiß sich gelohnt hatte, und das Haus uns bald die Heimat geben würde, von der ich immer geträumt hatte.

Ein letztes Mal mussten wir noch zurück nach Deutschland, um anschließend für immer unsere Wurzeln in Freiberg bei unserem Haus zu schlagen. Etwas Geld für die Fertigstellung unseres Traumes galt es jedoch noch zu verdienen. Im Frühjahr wollten wir dann endlich einziehen, doch das Wasserproblem klebte immer noch wie Pech unter unseren Sohlen und ließ mit einer Lösung auf sich warten. Leider wurde auch der Mietzins unserer Wohnung in Deutschland angehoben, sodass es schwieriger wurde, genug Geld weglegen zu können und somit für uns nicht mehr rentabel war. Im Februar 1972 mussten wir uns dann dazu entschließen, die

Wohnung in Eggenstein aufzugeben, und wir verkauften die gesamte Einrichtung und unseren Hausrat zu einem Spottpreis an meinen Arbeitskollegen Erwin. Am vierten Februar übergab ich dann mit gemischten Gefühlen den Wohnungsschlüssel und beendete damit einen weiteren Lebensabschnitt. Der vollgestopfte VW-Käfer startete ein letztes Mal in Richtung Österreich, unserer Heimat, während unsere Kinder tief und fest die gesamte Fahrt verschliefen. Am darauffolgenden Morgen fuhren wir in Freiberg ein und waren endlich müde aber glücklich zuhause angekommen. Ohne Schlaf machte ich mich auf, um alles zu besorgen, was wir am nötigsten für den Einzug brauchten. Matratzen zum Schlafen und einen Ofen zum Heizen und Kochen standen ganz oben auf meiner Besorgungsliste, die ich im Kopf hatte.

Ich hoffte auf die Hilfe des jüngsten Sohnes vom Bauern, bei dem ich gelebt hatte, doch dieser wurde mehr und mehr wie sein Vater und wollte keinen Handstrauch für mich rühren. Wenigstens konnte ich ihn überreden, mir einen Traktor zu besorgen, damit ich den Ofen nach Freiberg bringen konnte. Es war bitterkalt draußen und ich war so froh einen Ofen erstanden zu haben, den ich nach einigen Komplikationen dann zum Heizen brachte. Gott sei Dank breitete sich die Wärme langsam im ganzen Haus aus, während es draußen unentwegt schneite und schneite. Zum ersten Mal schloss ich mein eigenes Haus ab, um mich danach in meinem Eigenheim schlafen zu legen. Viel Schlaf bekam ich jedoch nicht, da ich immer wieder damit beschäftigt war unser Bauholz zum Nachheizen in den Ofen zu werfen, um der Eiseskälte zu trotzen. Dennoch war es eine wunderbare erste Nacht in unserem Heim, für das ich Blut und Wasser geschwitzt hatte. Die Kinder schliefen ruhig und Rosa lag entspannt in meinen Armen. Was wollte ich mehr? Meine Träume schienen sich langsam zu erfüllen und ich genoss dieses wundervolle Gefühl, mein Leben in die richtigen Bahnen lenken zu können. Ich war endlich der Kapitän in meinem Leben und niemand konnte mich mehr von meinem Kurs abbringen. Alles war noch provisorisch in unserem Haus, Decken hingen anstatt Innentüren von den Wänden und sollten den Durchzug etwas mildern. Von Rosas Mutter hatten wir einen großzügigen Lebensmittelvorrat erhalten. Wir waren heilfroh über diese Unterstützung und nahmen sie dankend entgegen. Ich erinnere mich noch gut an unsere erste Jause. Ich ging hinaus um einen 21-Liter-Topf mit Schnee vollzustopfen, um diesen auf dem Ofen zu schmelzen. Wir machten Kamillentee und aßen Brot mit Butter und Wurst. Es war ein herrliches Gefühl unser Haus endlich zu bewohnen. Keinen Groschen hatte ich je als Unterstützung bekommen und dennoch hatte ich es geschafft. Es machte mich so stolz und obwohl unser Geldvorrat fast aufgebraucht war, fühlte ich mich reicher denn je. Ich hatte was ich brauchte – eine wunderbare, fleißige Frau, liebenswürdige Kinder, und ein gemeinsames Heim – es war mehr als mir die Meisten je zugetraut hatten. Es war schön, denn ich hatte alles und noch mehr. Das Wasserproblem hatte ich in der Zwischenzeit so gelöst, dass ich jeden Tag einen Plastikkanister voll Wasser vom Brunnen eines Bekannten im Kötschmanngraben holen durfte. Dazu musste ich den Vordersitz meines kleinen Autos ausbauen, um den Kanister transportieren zu können. Es war nicht immer leicht, aber es war eine vorrübergehende Möglichkeit, um täglich zum nötigsten Wasser zu kommen. Die Windeln der Kinder mussten wir in Wannen auswaschen, da wir kein fließendes Wasser hatten. Es war bestimmt nicht immer leicht, doch wir schlugen uns eben auch so durch. Zu Weihnachten schenkte ich Rosa eine Wäscheschleuder – das erste Weihnachtsgeschenk, das ich ihr machen konnte – damit wenigstens das Auswringen der Windeln einfacher wurde. Für die Notdurft musste uns derweil ein Plumpsklo reichen, da es nicht anders ging. Zum Betonieren benutzte ich stets Regenwasser, das ich in einer Tonne sammelte.

Wieder fand ich Arbeit, dieses Mal bei der Firma Plankenauer in Graz. Ich hatte Schichtarbeit bei einem Reifendienst und traf durch Zufall auf meinen alten Schulkollegen Edi, der Glaser geworden war. Nach etwa einem halben Jahr, warb er mich bei meiner Firma ab und bot mir Arbeit in seiner Glaserei an. Freudig willigte ich ein, da die Arbeit nicht nur besser bezahlt, sondern körperlich auch viel schonender war. Bei der Arbeit kam ich mit einem gewissen Franz ins Gespräch und es stellte sich heraus, dass er tatsächlich mein Nachbar in Freiberg war. Aus unserem Kennenlernen wuchs eine gute Freundschaft, über die ich sehr froh war, da ich zuvor immer auf mich alleine gestellt gewesen war. Es begann eine Zeit, in der ab und zu auch ein Glaserl Wein in unseren Baubuden getrunken, und viel erzählt wurde. Es war schön, einen guten Freund in der Nähe zu wissen.

Nur ein einziger schlimmer Zwischenfall schwebt wie eine schwarze Wolke über meine Erinnerung an diese Zeit. Ich kam bei der Arbeit in der Glaserei in einen Stromkreis der mir das Leben hätte kosten können. Die Elektrizität durchströmte meinen ganzen Körper und löste einen unheimlich großen elektrisierenden Schmerz in mir aus. Aus einer glutroten Kugel leuchteten meine Frau und meine Kinder hervor, während sich mein Körper vor Schmerz verkrümmte und panische Schreie hallten. Die Halluzination lenkte mich von meiner lebensbedrohenden Situation ab, und ich verlor jegliches Gefühl für Raum und Zeit. Der Juniorchef Horstl rettete mir offenbar das Leben, indem er geistesgegenwärtig den Stecker aus der Dose zog und mich damit aus dem Stromkreis befreite. Ein kalter Kübel Wasser holte mich aus meiner Bewusstlosigkeit und ich fand mich am Boden liegend und zusammengekrümmt wieder. Durch diesen tiefen, durch den Schmerz ausgelösten Schock funktionierte ich anschließend beinahe weiter, als ob nichts gewesen wäre. Eine Stunde später fuhr ich mit einem mulmigen Gefühl nachhause. Liebevoll und besorgt öffnete mir Rosa die Tür und ahnte bei meinem Anblick, dass etwas nicht in Ordnung war. „Was ist denn mit dir los?", fragte sie bedrückt. Ich hatte keine Erklärung, meine Knie schlotterten, und ich konnte weder essen noch vom Stromunfall erzählen und ging sofort vor Erschöpfung ins Bett. Ich konnte kaum schlafen, war unruhig und hatte ein seltsames Empfinden in meinem Körper. Am nächsten Tag musste ich völlig fertig und erschöpft zur Arbeit fahren, wobei ich total zittrig war und sich mein Körper total unkoordiniert bewegte. Alles schien sich zu drehen und ich stand den ganzen Tag über völlig neben mir. Verstört und todmüde kam ich zuhause an und wollte mich wieder nur hinlegen, sodass Rosa vor Sorge sofort einen Arzt rufen wollte. Ich überredete sie, mich einfach liegen zu lassen, doch ich bekam auch diese Nacht keinen Schlaf, und fühlte mich am nächsten Morgen so neben der Spur, dass ich schließlich wirklich einen Arzt aufsuchen musste. Der Arzt erklärte mir, dass der Strom meinen Kreislauf auf den Kopf gestellt hatte und ich froh sein konnte, noch unter den Lebenden zu weilen. Nach einem EKG verschrieb er mir Kreislaufmedikamente, die meine Symptome wieder in den Griff bekamen und ich bald darauf wieder der Alte wurde. Ein Glück! Ich hatte eine Frau und zwei Kinder zu versorgen.

Anfang Juni suchte die Gemeinde Ludersdorf-Wilfersdorf einen Gemeindearbeiter und ich witterte meine Chance, meine Arbeitsbedingungen wieder weiter zu verbessern, und nicht mehr so viel Zeit mit dem Graz fahren verschenken zu müssen. Ich wollte mehr für meine Familie da sein und sie in meiner Nähe wissen. Franz; mein Arbeitskollege, Freund und Nachbar verstand meine Motivation wechseln zu wollen. Ich ergriff die Möglichkeit beim Schopf und stellte mich mit meinen Arbeitszeugnissen beim Bürgermeister vor, und konnte es kaum glauben, als die Wahl nach der Gemeinderatssitzung tatsächlich auf mich fiel. Bald darauf wurde ich eingestellt.

1973 stand meine Frau Rosa das dritte Mal kurz vor der Geburt. Vier Wochen zu früh setzten bei ihr jedoch schon die Wehen ein, und sie wurde mit dem Krankenwagen ins Landeskrankenhaus gebracht, während ich mit den zwei kleinen Mädchen zuhause zurückbleiben musste. Ich war krank vor Sorge um unser ungeborenes Kind und meine geliebte Frau. Die Zeit in dieser Nacht schien still zu stehen, ich zählte die Minuten, und wollte nur noch die Nacht vorüberbringen. Jede Sekunde war ich in Gedanken bei meiner Frau und betete zu Gott, dass er ihr half mit dem Kind alles gut zu überstehen. Am nächsten Morgen packte ich sofort Kind und Kegel zusammen und fuhr ins Krankenhaus zu meiner Frau. Ich stürzte aufgeregt durch den Gang und fand ein leeres Bett ohne meine Frau und ohne Baby. Mir blieb fast das Herz stehen, und tausend furchtbare Gedanken tummelten sich in meinem Gehirn. Was war nur geschehen? Warum war ich nicht da gewesen? Kam ich zu spät? Endlich durchdrang eine Stimme mein Gedankenmeer und erklärte, dass das Baby in Rosas Bauch Querlage eingenommen hatte und dadurch die Wehen ausgelöst worden waren. „Wir haben sie behandelt und wieder nachhause geschickt! Sie hat den Bus genommen…", hörte ich die Stimme – die einer Krankenschwester gehörte – weiterreden. Ich atmete auf und war froh und dankbar, dies zu hören. Schnell eilte ich mit den Kindern zum Auto und fuhr dem Bus hinterher in dem Rosa sitzen sollte. Bei der Bushaltestelle Ludersdorf sprang ich voller Freude aus dem Auto, als ich meine Frau mit ihrem riesengroßen Bauch aussteigen sah und schloss sie in meine Arme. Die schlimmsten Befürchtungen waren wie verflogen. Vier Wochen darauf kam unsere dritte Tochter Claudia gesund zur Welt und bereicherte unsere Familie. Ich war stolz und glücklich, das dritte Kind in unserer Familie willkommen zu heißen. Es war, wie ich es mir erträumt hatte. Meine Familie wuchs und wuchs.

Am ersten Juli 1974 trat ich meine neue Arbeit bei der Gemeinde Ludersdorf-Wilfersdorf an. Ich hatte verschiedene Aufgaben in der Gemeinde zu erledigen, hielt beispielsweise die Schule instand, war für Straßen und Wegerhaltung zuständig, räumte den Schnee von den Straßen, und machte alles, was sonst noch anfiel, wie die Müllentsorgung, die bald darauf aufkam und die ich mit gründete. Ich wurde überall eingesetzt, auch dort, wo ich keine entsprechende Qualifikation hatte. Ich war geschickt und machte diverse Arbeiten vom Maurern übers Glasern, wurde aber nicht als Facharbeiter eingestuft, und erhielt letztlich auch nur eine geringe Pension. Ich hatte bei der Arbeit stets alles gegeben und dennoch hatte ich immer das Gefühl, dass diese Leistung nicht gewürdigt wurde.

Immer noch war das Wasserproblem aktuell. Ich musste nach wie vor jeden Tag einen Kanister Wasser nachhause fahren und dachte manchmal wehmütig an den Bauplatz in Gleisdorf, den ich mir zuvor nicht hatte leisten können. „Dort hätten wir wenigstens Wasser gehabt!", dachte ich oft bei mir. Heute weiß ich, dass dieses Problem später Teil einer glücklichen Fügung war…

Damals frustrierte mich dieser Umstand, ohne fließendes Wasser zu leben so sehr, dass endlich eine Lösung hermusste. Ich wollte mich nicht mehr damit abfinden. Ich dachte über die Rutengeher nach, die mein Grundstück nach Wasser abgesucht hatten, aber auch über jene, die ich als Kind gesehen hatte. Als Kind hatte ich nur Rutengeher mit Holzrutengesehen, fiel mir auf, und eine weitere Information schoss mir durch den Kopf. Ich erinnerte mich daran, einmal gehört zu haben, dass bei Vollmond die Strahlung stärker zu spüren sei. Am 31. Mai 1976 war es dann soweit. Ich hatte so ein seltsames Gefühl in mir, dem ich unbedingt nachgehen musste. Es war fünf Uhr nachmittags und ich wusste, es stand eine Vollmondnacht bevor. Das Gefühl in mir übernahm das Ruder und ich beschloss in dieser Nacht, wenn mich keiner sehen würde, selbst nach Wasser zu suchen. Schließlich wollte ich nicht, dass die Nachbarn mich für verrückt erklären, und schlich im Schutz der Nacht hinaus zum Wald um mir eine Haselnussrute abzuschlagen. Mein Herz schlug mir bis zum Hals und ich hatte das Gefühl, meine Sinne würden sich verstärken und sie waren so empfindlich wie nie. Etwas Großartiges, Eigenartiges, nie Dagewesenes passierte in jener Nacht 1976. Mein Herzschlag beschleunigte sich immer mehr und mir war klar, dass dies etwas zu bedeuten haben musste. Systematisch ging ich den gesamten Grund Schritt für Schritt ab, und ich spürte, wie sich mein Herzschlag sich immer wieder veränderte und sich auch die Rute eigenständig bewegte. Ich war mir noch nicht sicher, wie sehr ich meinem Körper und der Rute trauen konnte, und so versuchte ich es jede Nacht aufs Neue, um mehr Sicherheit zu bekommen.

Ganze drei Monate widmete ich diesem Vorhaben, Nacht für Nacht. Damals suchte ich noch Schutz in der Finsternis, damit mich die Nachbarn nicht verspotten würden und heute bittet man mich darum, ins Haus zu kommen und Wasseradern aufzuspüren, wie Sie später noch erfahren werden.

Es war eine ernsthafte Unterredung mit meiner Frau ausständig. Ich erklärte Rosa, dass ich den Grund selbst mit einer Rute abgegangen war und an einer gewissen Stelle Veränderungen spürte. „Bist du dir sicher?", fragte mich meine Frau zunächst erstaunt. Aber gleich darauf ließ sie mich vertrauensvoll wissen: „Wenn du meinst, dann versuchen wir es." Genau diese Zustimmung hatte ich damals gebraucht, ohne zu wissen, dass dieser Umstand unser gesamtes späteres Leben verändern würde. Ich war wild entschlossen, selbst für einen Brunnen in meinem Garten zu sorgen. Ich organisierte eine Ratenzahlung für eine Seilwinde, sammelte Alteisen bei meinem Dienstgeber und ließ aus diesen alten Trümmern einen stabilen Schwenkkran schweißen. Bevor ich mit meinem Vorhaben begann, ging ich meinen Grund zur Sicherheit noch ein letztes Mal mit der Rute ab, um mehr Gewissheit zu haben. Mein Bekannter der die Schweißarbeiten erledigt hatte, schüttelte fragend den Kopf: „ Was tust du denn da?" Selbstsicher sprudelte es aus mir heraus: „Ich muss einen Brunnen graben, wie du weißt!" Ich ließ mich nicht beirren und konzentrierte mich auf mein Inneres. Und da war sie plötzlich, die Sicherheit in mir, nach der ich gesucht hatte. Sofort nahm ich einen runden Pfahl und eine Schnur zur Hand, und zog einen Radius von 75 Zentimeter, um einen Durchmesser von 1,5 Meter zu erhalten.

Am 28. August 1976, gegen Abend, war es nun endlich soweit und der Spatenstich wurde von mir gesetzt. Nach dem ersten halben Meter legte ich jedoch eine Pause ein, und genehmigte mir gedankenversunken ein Glas Wein auf meiner frischen Baustelle. Während ich in das Erdloch starrte, gingen mir viele Gedanken durch den Kopf. Würde mir diese Stelle tatsächlich was schenken? Konnte ich meinem Inneren trauen? War es eine trügerische Fähigkeit oder vertraue ich ihr zu Recht? Ich wusste es zu diesem Zeitpunkt nicht und dadurch blieb mir nichts anderes übrig, als das blinde Vertrauen an die Stelle der wüsten Zweifel zu setzen. Ich arbeitete weiter und die Zweifel verblassten. Schnell wurde die Erde immer fester und ich konnte mit dem Spaten nichts mehr anfangen. Krampen und Pickel mussten her. Doch meine Frau kam aus dem Haus und erinnerte mich daran, dass es spät nachts geworden war. „Komm ins Bett, Fritzl! Mach Schluss für heute!" Ich wusch mich mit dem Wasser der Regentonne und folgte Rosa ins Bett. Der spannende Gedanke, ob der Brunnen nun Wasser haben würde oder nicht, geisterte den Rest der kurzen Nacht in meinen Gedanken, und ließ mir keine Ruhe. Was hätte es nun zu bedeuten, wenn der Brunnen sich wirklich mit Wasser füllen würde? Woher kam diese plötzliche Fähigkeit denn? Diese Fragen wechselten mit der Angst, dass ich mich umsonst schinde, Nacht für Nacht. Ich versuchte mich immer damit zu beruhigen, dass ich keine andere Wahl hätte, als hier Erfolg zu haben, um meiner Familie ein gutes Leben bieten zu können – mit fließendem Wasser. So blieb ich zuversichtlich und schreckte die negativen Gedanken ab. Bei der Arbeit freute ich mich schon wieder auf zuhause, um direkt das Loch im Garten weiter zu bearbeiten. Ab einer Tiefe von fast zwei Metern konnte ich die Erde nicht mehr eigenhändig aus dem Loch werfen, und meine Konstruktion musste her. Ich stellte die Seilwinde auf und beschwerte diese mit einem 238 kg schweren Amboss, der meiner Frau Rosa als Erbstück von ihrer Familie geblieben war. Ich holte ihn bei meiner Schwiegermutter ab, und hob in eigenhändig in meinen VW-Käfer, der ohnehin mit nur einem Vordersitz bestückt war, da der Wasserkanister sonst immer das Loch füllte. Dieses Mal war ein 238 kg schwerer Amboss mein Beifahrer in unserem kleinen Auto. Dieses schwere Stück leistete gute Dienste und war und ist bis heute unverwüstlich.

Rosa unterstützte mich, indem sie die Seilwinde bediente. Abend für Abend, Nacht für Nacht grub ich mich tiefer ins Erdreich vor, voller Hoffnung und mit Leibeskräften. Wir waren ein gutes Team geworden und kamen rasch voran. Die Erde veränderte sich zu einer bläulichen, harten Substanz und ich konnte nur noch mit der Spitzhacke mühsam weiterarbeiten. Diese Arbeit ging natürlich nicht spurlos an mir vorüber, und meine Hände waren übersät mit Blasen, wenn ich nachts aus dem Brunnen kletterte und meine brennenden Hände mit Franzbrandwein versorgte. Ich brauchte unglaublich viel Kraft, um den harten Boden in der Tiefe zu bearbeiten und mischte mir ein Energiegetränk aus Wein, Zucker und rohen Eiern, und trank schluckweise davon.

Eines Nachts kam eine harte Steinplatte zum Vorschein und es klingelte bei mir. Ich hatte irgendwann einmal davon gehört, dass man vor dem Wasser oft auf Steinplatten trifft. Meine Hoffnung und Spannung stieg ins Unermessliche und ich wollte nur noch eines– diese Steinplatte durchschlagen und hoffentlich darunter auf Wasser treffen. Sieben lange, harte Stunden später hatte ich die Steinplatte durchgemeißelt und konnte es kaum erwarten. Doch außer weißem Sand war nichts zu sehen – noch nicht. Sonntagvormittag kam der benachbarte Gasthausbesitzer zum Brunnen. Zunächst wusste ich nicht, wer da zu mir herunterrief. Der Nachbar behauptete, er könne mein Klopfen in seinem 200 Meter entfernt gelegenen Gasthaus noch hören. Ich musste schmunzeln. Hörte der Wirt doch tatsächlich auf diese Entfernung meine Hiebe. An diesem Abend konnte ich die Steinplatte vollständig entfernen und wusste, dass bei diesem Sand nun das Betonieren an erster Stelle stand um nicht einen Einsturz zu riskieren.

Ich besorgte am nächsten Tag zwei Säcke Zement und brauchte nun ein neues Seil, da das alte nur 30 Meter maß und in der Zwischenzeit zu kurz geworden war. Allein dieser Umstand, dass dieses Seil sich schon als zu kurz erwiesen hatte, gab mir sehr wohl zu denken. Kann ich womöglich gar nicht so weit graben, dass ich endlich im kalten Nass stehe? Wird das irgendwann noch was? Vertraut mir meine Frau noch, dass ich unseren Brunnen voller Wasser bekomme? Diese Gedanken waren nicht hilfreich und die Zeit des Aufgebens war noch lange nicht gekommen. Ich spannte mutig das neue, 50 Meter lange Seil in das Gewinde ein, füllte drei Schubkarren mit gemischtem Beton und seilte zunächst mich, mit einem Fuß im Kübel, in die Tiefe ab. Danach sollte Rosa mir die 80-kg-Betonkübelin den Brunnen abseilen. Doch da geschah es. Rosa wollte den leeren Kübel, aus dem ich zuvor ausgestiegen war, heraufbefördern und schaltete den Strom an. In diesem schrecklichen Moment ging alles so schnell und das neue Seil schlüpfte blitzartig durch die Hülse, in Bruchteilen von Sekunden. Es kam wie es kommen musste, und so donnerte der Betoneimer mit enormer Geschwindigkeit zurück hinunter zu mir in den engen, tiefen Brunnen, als ich meine Frau zeitgleich panisch rufen hörte: „Seil kaputt!"

An dieser Stelle haben sich schon viele Brunnengräber von ihrem Leben verabschiedet, denn alles was aus dieser Distanz in die Tiefe fällt, entwickelt sich zu einem tödlichen Geschoss. Der Kübel war an meiner Nasenspitze vorbeigezischt und verschonte mich wie durch ein Wunder von seiner zerstörerischen Gewalt. Ich konnte mein Glück und meine Erleichterung buchstäblich fühlen. Ein schrilles Schreien und Rufen schallte durch den Brunnen: „Alles in Ordnung? Ist alles in Ordnung? Oh Gott, bist du am Leben?" Wieder einmal war ich dem Tod von der Schaufel gesprungen und rief beruhigend zu Rosa hinauf: „Alles in Ordnung!" Ich hatte eine fehlerhaft montierte Hülse verkauft bekommen, wie sich später herausstellen sollte. Doch in diesem Moment war nicht an Fehlersuche zu denken, schließlich saß ich in 24 Meter Tiefe fest und musste irgendwie hinaus, vor allen Dingen bevor der Beton zu härten beginnen und unbrauchbar werden würde. Rosa versuchte die Nachbarn zur Hilfe zu holen doch keiner besaß rettende Seilklammern, um mich aus dieser Miesere zu bringen. Mir fiel nur noch das Handseil in unserer Bauhütte ein, das mir Rosa zuwarf, nachdem sie es am Schwenkarm befestigt hatte. Meine Frau rief irritiert und besorgt: „Was tust du denn? Wie willst du denn so aus dem Brunnen kommen?" „Das schaffst du nie und nimmer!", brüllten die Nachbarn herab. Es stellte sich für mich nicht die Frage, ob ich es schaffen kann, sondern ob das Seil fest genug angebunden war. Ein zaghaftes „Ja" kam mir zu Ohren und das war für mich auch der Startschuss, um loszulegen. „Bleibt ruhig, ich mache das!", schickte ich noch voraus. Ich konzentrierte mich ganz auf mich und meinen Körper und ging innerlich wieder in meine Legionärszeit, in der solche Übungen ebenso über mein Leben entschieden hatten, wie es nun der Fall war. Vollkommene Stille umgab mich und die Spannung brannte in der Luft. Ich sah mich selbst an der 30-Meter-Wand in Calvi, auf Korsika, und nahm meinen ganzen Mut zusammen, während ich das dicke Seilende fest in beiden Händen hielt. Es folgte ein Griff dem anderen und ich hörte in der Stille der Tiefe, wie mein Herz in der Brust schlug und mein Atem mit jedem Meter tiefer wurde. Ich versuchte, mir meine Kraft gut einzuteilen und keine Fehler zu machen, schließlich hatte ich eine Frau und vier Kinder, die sich auf mich verlassen können – immer! Meter für Meter zog ich meinen Körper die Brunnenwände empor, wie in Trance, bis es heller und heller wurde und ich mich über den Rand warf. Ich hatte es geschafft, aus eigener Kraft! Rosa zog mich stürmisch in ihre Arme und war mit mir froh über diesen glimpflichen Ausgang einer so bedrohlichen Situation. Was hätte Rosa nur getan mit den Kindern und dem Haus ohne Wasser wenn ich tatsächlich verunglückt wäre? Es war gar nicht auszudenken!

Es blieb auch keine Zeit, denn mein Beton würde sonst fest werden. Ich suchte hastig nach passenden Schrauben, um die Winde zu reparieren. Bald darauf konnte und musste es weitergehen. Wieder stieg ich in den Kübel und seilte mich hinunter, während die beiden Nachbarn glücklicherweise blieben, um mir und Rosa zu helfen. Der Beton wurde für mich gemischt und ein Kübel nach dem anderen in die Tiefe gereicht. So schafften wir es, mit vereinten Kräften innerhalb nur einer Stunde fertig zu betonieren. Ich war sehr froh und erleichtert, und stieß mit den Helfern auf meinen neuen Geburtstag und das glückliche Ende dieses Tages an. Ich wusste, Gott hat mir an diesem Tag ein zweites Leben geschenkt und ich war sehr dankbar dafür, dem Schicksal entronnen zu sein. Noch nie zuvor hatte mir der Wein so gut wie in diesem Moment neugewonnenen Lebens geschmeckt.

Ich war unermüdlich und nichts konnte mich von meinem Ziel abbringen, und so ging es die nächste Abende und Nächte wie gewohnt mit Schaufel und Hacke weiter. Auch meine Frau unterstützte mich in dieser Zeit fleißig bei der Brunnenarbeit und betrieb die Seilwinde, ohne daran zu zweifeln, dass wir auf Wasser stoßen würden.

Eines Abends traf ich beim Graben auf eine schwarze, gummiartige Schicht. Ich fühlte sie mit meinen Händen und bemerkte, dass sie leicht feucht gewesen war. Schneller und schneller grub ich in dieser Schicht und sah mein Ziel zum Greifen nahe. Nach kurzem Schaufeln war die Schicht abgetragen und wieder kein Wasser. Auf jede Schicht war bisher eine andere, weitere Schicht gefolgt, aber kein Tropfen Wasser. Aber das letzte Wort in Sachen Wasser war noch nicht gesprochen. Die darauffolgende Schotterschicht bekam dann meinen ganzen Unmut und meinen Tatentrang, endlich ans Ziel zu kommen, zu spüren. Ich schaufelte wie wild, und da war es nun – das langersehnte kühle Nass! „Wasser! Wasser! Rosa, hier ist Wasser!", schrie ich voller Begeisterung und Erleichterung. Die Mühe hatte sich tatsächlich gelohnt! Ich wusste, jetzt wird alles gut!

Wir hatten Wasser in unserem neuen Hausbrunnen im Garten, und es war, wie ich es mir immer erhofft hatte. Die Haselrute hatte mir nicht zu viel versprochen und mich den richtigen Platz finden lassen. Dem Himmel sein Dank! Die Lebensquelle sprudelte!

Aber dies galt nicht nur für unseren Brunnen, sondern auch für die Leibesfrucht meiner Frau. Rosa erfuhr in dieser turbulenten Zeit, dass sie erneut schwanger geworden war und sie gebar mir meinen ersten Sohn, Wilfried, am 14. Juni 1976. Auch er war gesund und wohl auf, wie all unsere vier Kinder es glücklicherweise waren. Unser Haus und unser Garten strotzten vor neuem Leben und erfüllten uns mit Stolz und Freude. Ich bekam Pflegeurlaub, um meine Frau zu unterstützen und meine Familie zu versorgen, während Rosa sich um liebevoll um unseren neuen Nachwuchs kümmerte, da wir keine Verwandtschaft hatten, die wir um Hilfe hätten bitten können. Ich liebte diese Zeit und es gab im Leben nie was Schöneres, als meine Frau und die Kinder zu versorgen. Es gab mir Sinn im Leben.

Rosa erholte sich zwei Monate von der Geburt unseres Sohnes und bald darauf nahmen wir unsere Arbeit am Brunnen wieder auf. Mittels Leihpumpe konnte ich das Wasser im Brunnen abpumpen um den Brunnen noch tiefer zu graben. Als ich tiefer gegraben hatte, kamen pechschwarze Kohlen zum Vorschein. Was hatte das nur zu bedeuten? Würde das Wasser wieder verschwinden? Ich verließ mich wie immer auf mein Bauchgefühl... Rosa bediente währenddessen die Pumpe, und wenn sie diese ausschaltete, stand ich bis zum Bauchnabel im eiskalten Wasser. Noch heute wundere ich mich darüber, dass ich kein Blasenleiden davongetragen habe. So manches wurde mir klar, während ich meinen Körper bei diesem Brunnenbau schindete, aber nichts war so prägnant wie die Tatsache, welch ein kostbares Gut uns in Form von Trinkwasser zu Teil wird.

Am dritten September 1976 war es endlich soweit. Unser Brunnen, der uns so viel Mühe, Sorgen und Kummer bereitet hatte, war endlich fertig. Ich konnte es kaum glauben. Sofort rief ich meinen Dienstgeber an, der mit seinem Freund unser Werk bestaunte. Ich war stolz und froh, meinen großen Wunsch gemeinsam mit Rosa umgesetzt zu haben und darauf tranken wir natürlich ein feierliches Glas Rotwein. „Prost, und auf das kostbare Wasser!", hieß es nach achtzehn harten Monaten des Grabens. Mit einem Schluck Rotwein, den ich in den Brunnen goss, besiegelte ich, wie damals üblich, unser Werk und bedankte mich noch einmal, damals nicht verunglückt zu sein. Die Hoffnung hatte sich also gelohnt und die schweißtreibende Arbeit am Rande unserer körperlichen und psychischen Möglichkeiten war gleichzeitig auch mein allererster Erfolg als Rutengeher gewesen.

Der Hausbau hatte immens viel Geld verschlungen und somit musste ich jeder Arbeit nachgehen, die sich irgendwie für mich ergab, um etwas Geld dazuzuverdienen, da ich mit meinem Gemeindelohn nicht weit hüpfen konnte. Ich brauchte dringend eine gewisse

Summe, um eine Wasserleitung ins Haus verlegen zu können, da ich bis dahin immer noch Wasser in Kanistern herfahren musste. Es war alles nicht so leicht. Am 8. Februar 1978, nach einem harten Stück Arbeit, hatten wir das erste Mal fließendes Wasser im Haus! Ich war überglücklich!

In der Zwischenzeit hatte meine Geschichte bezüglich des Brunnens die Runde in der Gemeinde und der näheren Umgebung gemacht, sodass sich bald darauf einige Häuslbauer bei mir meldeten, um mich um Hilfe zu bitten. Ich hingegen war froh gewesen, dass mein Brunnen endlich fertig war und dieser mir nicht mehr sämtliche Nerven geraubt hatte. Doch dann kam mir wieder in den Sinn, wie notwendig ich vor einigen Jahren Hilfe gebraucht hätte, und niemand für mich dagewesen war. Die Erinnerung allein fühlte sich schon traurig an und so konnte ich unmöglich „NEIN" sagen. Ich erkannte auch schnell, dass mir dieser Umstand bei meinen Schulden sehr weiterhelfen konnte, musste ich doch sonst auch viele Aushilfsarbeiten annehmen um, um über die Runden zu kommen. Wiederwillig und mit gemischten Gefühlen nahm ich meinen ersten Auftrag an und hoffte, mich auf meine neue Fähigkeit verlassen zu können. Es war ein mulmiges Gefühl, für einen

Fremden eine Wasserader zu bestimmen – da wollte ich ja auf keinen Fall falsch liegen mit meiner Haselrute. Ich ging den Bauplatz mit der Rute ab und versuchte mich wieder auf meinen Herzschlag zu konzentrieren. Plötzlich entwickelte die Rute ihr eigenes Leben und schlug aus. Froh über dieses Zeichen ging ich den Grund erneut ab, um mehr Sicherheit zu haben. Wenn ich mich auf keiner Wasserader befand zeigte meine Rute himmelwärts. Meine Wünschelrute war ein einjähriger Trieb eines Haselnussholzes und hatte mich auch hier an einen bestimmten Platz geführt und zeigte wie durch Geisterhand Richtung Boden, als ich mich genau auf einer Wasserader befand. Ich versuchte, einen Irrtum auszuschließen und fasste schließlich Mut, dem Bauherrn die Wasserader anzuzeigen. Es schien mir eindeutig, denn ich konnte auf diesem Fleck nicht lange stehen bleiben und hatte sofort Herzbeschwerden.

Acht Tage später stand ich mit meiner Ausrüstung zum Brunnengraben bereit an Ort und Stelle, und begann erneut einen Brunnen zu graben. Täglich fuhr ich von diesem Tag an gleich nach meiner Arbeit zum Brunnenbau und arbeitete dort weiter von sechs Uhr abends bis ein Uhr morgens. Ich hatte von meiner Familie leider nicht mehr viel, aber was sollte ich nur machen? Wir brauchten das Geld. Der Bauherr bediente hier die Seilwinde unter meinen Anweisungen und ich musste auf seine zuverlässige Arbeit vertrauen, was nicht immer leicht war. Ich hatte immer im Hinterkopf, schon einmal dem Tod mit einem Schrecken entkommen zu sein. In diesem Brunnen stieß ich in einer Tiefe von achtzehn bis sechsundzwanzig Metern auf Steine und Muscheln, die ich anschließend der Universität Graz für Forschungszwecke zur Verfügung stellte. Dort kamen sie zum damals für mich spannenden Ergebnis, dass sich hier vor tausenden Jahren noch das Meer ausgebreitet hatte. Es war sehr interessant für mich, obwohl mein eigentliches Ziel in meinem Kopf das Wasser im Brunnen des Bauherrn war. Immer wieder kamen kurze Momente des Zweifels und ich dachte, ob ich mich nicht doch mit meiner Wassersucherei übernommen haben könnte...Aber ich wurde glücklicherweise eines Besseren belehrt und so folgte in achtundzwanzig Meter Tiefe zunächst Schotter und dann das gelobte Wasser. Mir fiel ein großer Stein vom Herzen, mich nicht geirrt und somit rechtmäßig Geld dazuverdient zu haben. Nun war ich mir sicher, die Fähigkeit immer mit mir zu tragen, doch fehlte mir die Praxis, um dem Braten zu trauen.

Weitere Anfragen folgten und so ging ich bald darauf schon den nächsten Garten mit einer Wünschelrute ab und begann an der vermeintlichen Stelle mit dem Spaten zu graben. Ich bemerkte sofort, dass dieser Boden viel weicher war, als die Böden der anderen beiden Brunnen. Nach etwa neun Metern war die Erde richtig locker und noch weicher als zuvor, als plötzlich ein schlimmes Gewitter aufzog und die Sirene heulte, als der erste Blitz den Himmel erhellte. Wie elektrisiert kletterte ich so schnell wie möglich aus dem frisch gegrabenen Loch, sprang in mein Auto und hastete zur Feuerwehr. Es wurden immer starke Männer gebraucht und auch dieses Mal waren alle Hände voll zu tun, um Sturmschäden zu beheben. Glücklicherweise handelte es sich nur um Sachschäden und die Menschen blieben unversehrt.

Nach zwei Stunden war die Arbeit getan und ich wieder bei meinem aktuellen Brunnenbau angekommen. Ich erschrak, als mir klar wurde, dass es keinen Brunnen mehr gab. Er war durch das Gewitter und den ohnehin weichen Boden eingestürzt. Es war unfassbar, dass mich das Gewitter und der Feuerwehreinsatz davon abgehalten hatten, noch weiter im Brunnen zu verweilen und unbemerkt mein eigenes Grab zu schaufeln. Die Erdmassen hätten mich mit einem Augenaufschlag erdrückt und ich wäre nie wieder nachhause gekommen. Ich hatte diesen schwerwiegenden Fehler gemacht, mit dem Betonieren zu lange zu warten, da mir so mehr Platz im Brunnen blieb. Es sollte mir eine Lehre sein. Die gesamte Arbeit von vielen Stunden war dahin, mein Leben jedoch – Dank sei Gott – nicht. Dennoch musste ich mehrere Aufträge annehmen, da die Schulden nicht von alleine kleiner wurden. Meine Begeisterung hielt sich in Grenzen, da es nicht nur eine schwere Schufterei, sondern auch ein sehr gefährliches Unterfangen war, und ich nicht zu hoffen wagte, noch weitere Male vor Unheil verschont zu bleiben.

Der nächste Brunnenbau ließ nicht auf sich warten und meine Alarmglocken läuteten, als die Bedingungen ähnlich schlecht wie beim letzten Boden schienen. Diese Erde war weich, schon fast schmierig und alle Meter zu zementieren, um zum einen mich zu schützen und zum anderen nicht wieder vor verschütteten Tatsachen zu stehen. Dann passierte etwas Sonderbares zunächst Beängstigendes. Ich stieß im dunklen Erdreich auf uralte Knochen, die mir einen Heidenschrecken einjagte. Die Angst verwandelte sich jedoch schnell in Neugierde, und es stellte sich bei einer späteren Untersuchung der Veterinärmedizin Graz heraus, dass der Knochenfund uralt war und das Tier niemals eingegraben, sondern die Vegetation ihren Beitrag dazu geleistet sowie die Erde im Laufe der Jahrhunderte die Gebeine des Tieres umschlossen hatte. Dieser Fund war sehr faszinierend für mich, doch musste ich mich wieder meiner eigentlichen Arbeit widmen und den Brunnenbau vorantreiben. Nach langer Schufterei stieß ich glücklicherweise wieder auf eine Schotterschicht, die mich anschließend zum ersehnten Wasser führte.

Ich kannte die Abläufe nun, und das Rutengehen und Brunnengraben wurde recht schnell zur Routine. Ich hatte mich zum Fachmann auf diesem Gebiet entwickelt, die Menschen vertrauten mir und meiner Fähigkeit und dadurch ging mir die Arbeit nicht mehr aus. Wie ein Lauffeuer verbreitete sich die Kunde von meinem Tun und schaffte mir wie von selbst neue Aufträge.

An eine Familie aus Graz-Umgebung erinnere ich mich noch genau. Durch angrenzende Umbauarbeiten verloren sie ihre Wasserquelle im Brunnen. Sie waren mittellos und nun auch ohne

Wasser und flehten mich um Hilfe an. Nur zu gut wusste ich wie es war, hilflos dazu stehen, aber auch ich brauchte zu jener Zeit das Geld. Aber was soll man in dieser Situation nur tun? Das Richtige eben! Ich kehrte ihnen nicht den Rücken, sondern ging an die Arbeit, auch wenn diese unentgeltliche, harte Arbeit alles andere als ein Spaß werden würde.

Gesagt, getan suchte ich in ihrem Garten nach einer weiteren Wasserader, um ihnen aus ihrer misslichen Lage helfen zu können. Erstaunt schaute ich auf, als mir die Rute eine zweite Wasserader im bestehenden Brunnen anzeigte. Ich war froh über den Umstand, den Brunnen einfach nur tiefer zu graben und nicht von vorne beginnen zu müssen und machte mich ans Werk. Wie aus dem Nichts stieg plötzlich etwas Nebelartiges aus einer Erdspalte im Brunnen und ich kletterte instinktiv um mein Leben. Erdgas war entwichen, was zu damaliger Zeit vielen Brunnbauern das Leben kostete. Eine kleine Explosion löste ein brennender, leerer Zementsack aus, den ich in den Brunnen warf, um die Luft da unten wieder rein zu bekommen. Das ganze wiederholte sich noch weitere drei Male, bis ich in dreizehn Meter Tiefe endlich auf eine Schotterschicht und das gelobte Wasser traf. Ich schüttete wieder ein Glas Rotwein in die Tiefen des Brunnens, als eine Art Ritual, das meine Arbeit beendet und vervollständigt hat. Immer wieder kam ich zum Grübeln, warum ich das nicht auch bei meinem ersten wasserlosen Brunnen so gemacht hatte. Doch anscheinend hat alles seine Zeit und Ordnung und somit musste mich meine finanzielle Notlage zu den Früchten meines Potentials bringen. Erst durch diese unglückliche Lage konnte ich zum befähigten Rutengeher werden, der ich heute bin.

Ich kann heute mit Stolz sagen: „Ich habe in meinem Leben insgesamt 356 Brunnenmeter mit der Hand gegraben und dabei 28 tiefe Erdlöcher zu kostbaren Trinkwasserbrunnen gemacht."

DIESE 238 KG GESCHICHTE
SIND ZEUGEN VON 28 BRUNNEN
UND DAMIT GENAU 356
HANDGEGRABENE TIEFENMETER

EIN SCHWERES STÜCK ERINNERUNG
AN VERGANGENE ZEITEN.

FÜR ROSA & GOTTFRIED
EICHER

Schmerzlicher Abschied

Ich bekam Ende Mai 1985 einen Anruf, dass es Frau Hammer, meiner geliebten Armenhausmutter, nicht gut ging. Sie war meine „Mutter der Liebe" und es machte mich ganz fertig zu wissen, dass auch ihr Lebensweg einst zu Ende sein würde. Rosa und ich machten uns sofort auf den Weg zu Frau Hammer, die mittlerweile 96 Jahre alt geworden war. Ich wollte sie unbedingt noch einmal sehen, bevor Gott sie zu sich holen würde.

Ich war sehr aufgeregt und rannte stürmisch in ihr Zimmer, in dem eine Klosterschwester bei ihr wachte. Hilflos lag sie da, konnte weder sprechen noch die Augen ein letztes Mal öffnen. Behutsam nahm ich die Hand meiner Mutter der Liebe und ich wusste, sie würde meine Gegenwart spüren. Voller Dankbarkeit sah ich sie an, denn sie hatte mir das kostbarste Gut – die Liebe – ins Herz gelegt, obwohl sie nicht meine leibliche Mutter war. Es war ein Geschenk, eines ihrer Ziehkinder gewesen zu sein und ihre Güte erfahren zu haben. Zum Abschied zeichnete ich ihr ein Weihwasserkreuz auf die Stirn und dachte an die erfüllende, frühe Kindheit mit ihr. Es durchfuhren mich tiefe  Liebe und Schmerzen des Verlustes, tränenerfüllt verließ ich ihr Zimmer, doch meine Gedanken und Gebete begleiteten sie in ihren letzten Stunden.

Niemals hätte ich meinen Geist in dieser Zeit von ihr wenden können. Meine Gedanken kreisten um sie und meine Familie im Armenhaus, ich spürte die schöne Zeit und ein Lächeln kam über meine Lippen. Danach fühlte ich wieder wie schrecklich es war, als man mich von ihr weggezerrt hatte und die Hölle auf Erden begann. Es war ein Wechselbad der Gefühle in dieser Nacht. Ich schaute aus dem Fenster und mein Blick fiel auf den hellsten Stern, der voller Kraft zu leuchten schien. In diesem besonderen Moment fühlte ich mich Frau Hammer noch ein letztes Mal unendlich nahe und fühlte ihre Liebe und Güte ganz tief in mir. Es stimmte mich ruhig und friedlich und die Gedanken verliefen sich. Früh am Morgen ereilte uns dann die Nachricht, dass meine Mutter der Liebe im Schlafe friedlich von uns gegangen war. Ich wusste es in mir bereits und war in Gedanken mit ihr fest verbunden gewesen. Nun waren alle drei Stiefmütter von uns gegangen und ich dankte Gott dafür, dass er sie für mich ausgesucht hatte…

Das Rutengehen

„Nur der Mensch als feinstes Messinstrument
ist in der Lage, diese Kräfte zu messen."

[J.W. Goethe]

Ich folgte nun schon einiger Zeit meiner
neuen Berufung als Rutengeher und es war
an der Zeit, mich näher mit diesem Thema zu beschäftigen und
mich mit dieser uralten Kunst des Wassersuchens auseinanderzu-
setzen. Was früher noch selbstverständlich an die junge Generation
weitergegeben wurde, muss man sich heutzutage mühsam zu-
sammensuchen, denn der Mensch wendet sich zusehends mehr
und mehr vom Einklang mit der Natur ab und setzt auf hochtech-
nologischen Fortschritt. Bis heute zweifeln Wissenschaftler am
Können der Rutengeher. Wenn ich den Menschen jedoch punktge-
nau eine Wasserader aufspüre, die ihnen zu einem Brunnen voller
Trinkwasser verhilft, oder Schlafplätze auf störungsfreie Zonen
verschiebe, um Nachtruhe oder Verbesserung/Heilung von physischen und psychischen Gebrechen zu erreichen, so hat mir das bisher nur Dank anstatt Hohn eingebracht. Was auch sonst? Es funktioniert und ich und tausende von Menschen, die um meine Hilfe
gebeten haben, sind Zeugen dieser wunderbaren Gabe. Ich bin davon überzeugt, dass schon vor tausenden von Jahren die Menschen
ihre Wasserquellen mit dieser oder ähnlichen Techniken aufgespürt haben und auch die Fruchtbarkeit des Viehs und des Acker-
baus beeinflussen konnten, wie man es auch unter der Homepage
www.erdstrahlen-info.de genauer nachlesen kann. Ich zitiere: „Die
Wünschelrute war bereits 6000 v. Chr. ein wichtiges Instrument,
um Wasserquellen ausfindig zu machen. ,Da nahm Moses, wie ihm
geboten war, den Stab, der vor dem Herrn lag', steht in der Bibel
geschrieben. Dieser Satz ist ein wichtiger Hinweis darauf, dass die

Wünschelrute bereits in diesem Zeitalter eingesetzt wurde. Die Wünschelrute soll 15.000 Jahre alt sein. Vermutlich ist sie sogar noch viel älter." (*Quelle: http://www.erdstrahlen-info.de*) Für uns ist auf dieser Erde gut gesorgt und so denke ich, dass das Wassersuchen eine der vielen Gaben Gottes ist, für unser Wohl Sorge zu tragen. Der moderne Mensch hat in meinen Augen einfach verlernt, das ihm gegebene Potential auszuschöpfen und muss sich somit immer mehr in die Fänge der Technik begeben, ohne selbst das Ruder seines Lebens in den Händen zu halten. Ich bin unserem Schöpfer – wie man ihn auch nennen mag – sehr dankbar, diese Gabe in mir gefunden zu haben und freue mich bis heute über die Möglichkeiten die mir dadurch eröffnet worden sind.

„Das Wirken der Natur zu erkennen, und zu erkennen, in welcher Beziehung das menschliche Wirken dazu stehen muss: das ist das Ziel."

[Dschuang Dsi]

Im 17. Jahrhundert erschien erstmals eine Anleitung zum Umgang mit einer Wünschelrute, die Athanasius Kircher, ein Jesuite erstellt hatte. Kircher war ein Dichter, Denker und Gelehrter, wie zum Beispiel Wolfgang von Goethe oder Albert Einstein, und wurde damals in den Bann des geheimnisvollen Rutengehens gezogen. 1922 schrieb Dr. Albert Abrams – amerikanischer Pathologe – das erste Buch zum Thema Wünschelruten und Pendel und ging damit einen entscheidenden Schritt in Richtung heutiger „Radiästhesie", was übersetzt so viel wie Strahlenwahrnehmung bedeutet.

Ein Netz von Erdstrahlen, das die gesamte Erde horizontal umspannt, nennt man das Hartmanngitter. Im Abstand von zirka 2 Metern von Norden nach Süden und von Westen nach Osten im Abstand von zirka 2,50 Metern verlaufen die Gitternetzlinien. Das sind lediglich Richtwerte, die je nach den geographischen Begebenheiten durchaus abweichen können. Er führte mit verschiedenen Wissenschaftlern intensive geobiologische Forschungen durch. Normalerweise hat das Netz auf Lebewesen keine negativen Auswirkungen. Wenn sich die Linien des Gitternetzes oder Knotenpunkte jedoch mit anderen Netzen, Wasseradern, Verwerfungen, Gesteinsbrüchen kreuzen, können jedoch auch vom Hartmanngitter schädliche Strahlen ausgehen. Diese äußern sich unterschiedlich mit nervösen Störungen, Schlaflosigkeit, häufigen Erkältungskrankheiten usw. Oftmals wird die Ursache an der erkrankten oder beeinflussten Person gesucht, das häusliche, geografische Umfeld wird meist nicht in Betracht gezogen. *(Quelle: http://www.erdstrahlen-info.de/geschichte-der-rutengaenger.html)*

Erst wenn die Schulmedizin am Ende ihres Lateins angekommen ist, denken Betroffene an alternative Methoden und lassen oft wertvolle Zeit verstreichen. Ein befähigter Rutengänger, wie ich es auch bin, kann jedoch ein besonderes Augenmerk auf den Lebensbereich halten, und Rückschlüsse auf Verstrahlung eines Menschen oder eines Tieres ziehen und mittels Wohnungs- oder Bettumstellung Abhilfe schaffen, wenn es sich um Verstrahlung handelt. Ein Arztbesuch ist nach wie vor sehr wichtig, man sollte sich lediglich bewusst werden, dass eine Strahlensuche in den eigenen vier Wänden die Lebensqualität erhöhen und strahlenbedingte Erkrankungen und Störungen sowie das damit verbundene Leid vermeiden kann.

Wasserader

Strahlen-(freie) Zonen

Die Natur und ihre Lebewesen zeigen uns ebenso eindeutig Strahlenplätze und strahlenfreie Zonen an, man muss nur gut genug beobachten. Manche Tiere und Pflanzen halten sich mit Vorliebe auf verstrahlten Plätzen und sowie Kreuzungen auf:

Strahlensuchende Tiere		
Katzen	Schlangen	Eulen
Insekten	Wespen	Hornissen
Bienen	Maulwürfe	Bieber
Strahlensuchende Pflanzen		
Trauerweide	Weißdorn	Fichten
Haselnussbaum	Marillenbaum	Kirschbaum
Lerche	Pfirsichbaum	Lavendel
Tanne	Zimmerlinde	Yucca-Palme
Seerose	Mistel	Bohnen
Rhododendron	Minze	Mohn
Brennnessel	Petersilie	
Tomate	Ringelblume	

Strahlenflüchtende Tiere		
Hunde	Schweine	Pferde
Rotwild	Rinder	Hirsche
Störche	Schwalben	Tauben
Kaninchen	Meerschweinchen	Dachse
Ziegen	Hühner	Füchse
Strahlenflüchtende Pflanzen		
Apfelbaum	Lindenbaum	Kohlrabi
Gurke	Flieder	Azalee
Begonie	Stachelbeere	Johannisbeere
Bananenbaum	Kakteen	Birnenbaum
Karotten	Kartoffeln	Rose
Veilchen	Sellerie	

(*Quelle: http://www.erdstrahlen-info.de*)

Tiere und Pflanzen folgen von Haus aus dem Plan der Natur. Wir Menschen haben unseren natürlichen Ursprungsinstinkt mit dem Rückzug aus der Natur, rein in die moderne Welt, schlichtweg verloren. Umso mehr danke ich Gott, meinen Instinkt wieder hervorgeholt zu haben.

Sinnvoller Einsatz meiner Kräfte

Ich wollte nun nichts mehr, als meine Gabe sinnvoll für mich und mein Umfeld einzusetzen und begann somit in den Häusern von Verwandten nach Strahlen zu suchen. Es funktionierte auf Anhieb und ich war sehr froh darüber. Zur Erklärung: Wenn Strahlung oder ein Kreuzungspunkt auftritt, so wirkt dieser im Erdgeschoss gleich stark wie im Wohnraum darüber, oder in Hochhäusern in jeder einzelnen Etage an der betroffenen Stelle und hat schädliche Auswirkungen auf Personen, die sich dauerhaft darauf aufhalten, schlafen oder arbeiten.

Mein erster offizieller Auftrag in Sachen Strahlensuche in Gebäuden kündigte sich mittels der Direktorin der Fachschule Heinersdorf bei Ilz, in der Steiermark, an. Sie benötigte dringend meine Hilfe, da ihre Schüler auf einem gewissen Areal ein seltsames Verhalten zeigten. Ich kam nachmittags in die besagte Schule, um mir diesen Raum genauer anzusehen. Die Direktorin sprach von einigen Plätzen, an denen sich die Schüler zum einen nicht konzentrieren konnten und zum anderen ständig aufs Klo mussten. Auch die umgesetzten Schüler legten nach zwei Wochen dasselbe Verhalten an den Tag und somit dachte sie an Verstrahlung. Die Direktorin schaute mir gespannt auf die Finger und wollte wissen, ob ich „das Unruheeck" ohne Information ermitteln konnte. Ich ging konzentriert mit meiner Rute alles ab und konnte rasch einen Fleck von etwa sechs Quadratmetern ausmachen, der mit einem Kreuzungspunkt besetzt war. Zufrieden nickte die Direktorin mir zustimmend entgegen und konnte von nun an die Plätze einfach freihalten, ohne weitere Schüler zu gefährden.

Der nächste Auftrag kam kurz darauf von einem Bürgermeister aus Graz-Umgebung, der große Besorgnis um seine Kindergärtnerinnen hatte, die ständig krank waren und immer mit heiserer Stimme sprachen. Es war erstaunlich, zu welchen unterschiedlichen Fällen und Auswirkungen von Strahlungen man mich immer zur Hilfe rief. Als ich auf die Kindergärtnerinnen traf, konnten sie meine Gegenwart kaum ertragen und wollten am liebsten den Raum verlassen. Da ihre Körper in der Tat so verstrahlt waren, sprachen sie enorm auf mich an, und spürten das auch körperlich. Es war das erste Mal, dass ich erkannte, dass verstrahlte Menschen auf mich ansprachen und nicht nur ich. sondern auch mein Gegenüber es bemerken konnte. So lernte ich anfänglich sozusagen am Modell bzw. an meinen Kunden. Es stellte sich auch hier heraus, dass die Kindergärtnerinnen hauptsächlich auf einem Kreuzungspunkt saßen und arbeiteten und daher stark verstrahlt waren. Auf mein Anraten sollten sie diesen Platz nun tunlichst vermeiden und schon kurze Zeit später erreichte mich ein Anruf, dass die Stimmen der Frauen sich wieder normalisiert hätten und sie sich gesundheitlich wieder deutlich besser fühlten. Ich war froh über diesen positiven Ausgang und es bestärkte mich auch in meinem Tun, denn durch die Mundpropaganda stand das Telefon bald nicht mehr still. Mein Terminplan füllte sich mit Menschen, die körperliche oder seelische Gebrechen hatten und bei denen Medikamente und Kräuter keinerlei Wirkung mehr zeigten.

Mein erster Auftrag in einem Privathaushalt folgte sogleich. Eine Frau mit unerträglichen Kreuzschmerzen hoffte auf meine Hilfe. Sie empfing mich zusammen mit sieben weiteren Personen im Garten vor ihrem Haus. Als ich aus dem Auto stieg und an die Menschen herantrat, wusste ich sofort wer die Frau mit dem Kreuzleiden war. Ich konnte es klar und deutlich in mir spüren. Es war ein seltsames Gefühl, sie sofort aus der Menge erkannt zu haben. Ich ging direkt zu ihr hin und sagte: „Sie haben ein Problem!" Die betroffene Frau schaute mich mit großen Augen ganz verwundert an. Ich begann mit meiner Wünschelrute ganz selbstverständlich – als hätte ich im Leben nie was anderes gemacht – von ihrer Ferse aufwärts zu fahren und konnte Richtung Becken und Kreuz ganz intensiv ihre Schmerzen wahrzunehmen. Als ich direkt mit meiner

Rute an ihrem Rücken angekommen war, sackte sie zusammen und die beiden Männer neben ihr fingen sie behutsam auf. Alle waren ganz verblüfft von dieser ungewöhnlichen Reaktion der Frau auf meine Wünschelrute. Sie hatte tiefen Respekt vor mir und meiner Arbeit. Ich zog mich von ihr zurück, um sie aus meinem Wirkungskreis zu haben und begann schematisch ihre Räumlichkeiten nach Strahlung abzusuchen. Schnell stieß ich auf einen der Schlafplätze, der exakt zu den Rückenbeschwerden passen musste. Ich hatte ihr Bett sofort ermittelt, das auf einer gefährlichen Strahlungskombination platziert war. Ich beschrieb den Familienmitgliedern genau die Strahlungsverläufe in ihrem Haus, um ihnen allen die Möglichkeit zu geben, mit ihrem Schlaf- und Arbeitsbereich künftig ausweichen zu können. Auch dieses Mal bekam ich nach einigen Wochen einen freudigen Anruf, in dem mir die betroffene Frau von ihren ersten glücklichen Stunden ohne die zermürbenden Kreuzschmerzen berichtete. Es war mir wirklich eine Freude, dies zu hören. So konnte ich also meine ersten paar Hausbesuche gut meistern und zu einer Beendigung diverser Leiden beitragen. Dies war also der Anfang einer bis heute nicht endenden, schönen Tätigkeit mit hunderten von Erfolgsgeschichten von Menschen die zuvor fast an ihren Gebrechen verzweifelt waren.

Geheimnisvolle Begegnung

Ich erinnere mich, als wäre es gestern gewesen. Ich erzähle Ihnen von einem besonders magischen Tag, der mit einem schönen sonnigen Morgen des Augusts 1986 begann. Ich wollte den Kindern eine Freude bereiten und fuhr sie zum nahegelegenen Stubenbergsee im Bezirk Hartberg. Ich setzte meine Lieben am See ab und wollte eigentlich am schnellsten Weg nachhause fahren. Seltsamerweise verspürte ich auf dem Heimweg einen irrsinnig starken Drang, die Strecke über die Wallfahrtskirche Maria Fieberbründel zu fahren und diese zu besuchen. Mein Auto fand den Weg wie von selbst dorthin und ohne nachzudenken ging ich auf den Kirchenbrunnen zu, um mir dort die Hände im Heilwasser zu waschen. Danach betrat ich die Kirche, geleitet von meinem Inneren, um mich in den vorderen Reihen niederzulassen und zu beten. Ich spürte gleichermaßen Spannung und Ruhe in mir. Die Kirche war menschenleer und still, was für eine Wallfahrtskirche wie diese eher ungewöhnlich war. Zu diesem Zeitpunkt war ich mir dieses seltsamen Umstands jedoch nicht bewusst. Ich konzentrierte mich ganz auf das Beten und die innere Ruhe. Es verging einige Zeit, als ich plötzlich eine in schwarz gehüllte Frau vor dem Altar knien sah. Wann war sie nur hereingekommen? War sie zuvor schon dagewesen? Ich konnte es mir nicht erklären, sie übersehen zu haben.

Ich betrachtete sie, wie sie in ein schwarzes Kopftuch gehüllt, regungslos betete, und hatte das eigenartige Gefühl, sie schon lange zu kennen. Ich hielt es kaum aus so weit weg von ihr zu sitzen und erhob mich von der Bank, um mich vorsichtig neben sie zu knien. Gespannt blickte ich zu ihr und merkte, wie sie in einem Gebetsbuch blätterte, doch ich konnte ihre Hände dabei nicht erkennen. Was war hier los? „Wer bist du nur, du vertraute Gestalt?", dachte ich unentwegt. Endlich wandte sie sich zu mir, doch ich erblickte nicht wie erwartet ein menschliches Frauengesicht, sondern erkannte lediglich schwarze Konturen, eingefasst in das dunkle Kopftuch dieses Wesens. Dennoch spürte ich ihren warmherzigen, fürsorglichen Blick auf mir ruhen und begann sofort zu beten. Bald darauf steuerte mich meine Intuition wieder zurück auf die Kirchenbank, von der aus ich sie weiter betrachtete. Dieses engelsgleiche, vertraute Wesen kniete immer noch andächtig vor dem Altar und hatte meine Blicke in ihren Bann gezogen. Es war unbeschreiblich – übersinnlich. Es war unglaublich und dennoch war es real. Ich hatte das Gefühl, die Kirche verlassen zu müssen, um einen Zeugen für diese wunderbare Erscheinung zu suchen. Ich lief herum, doch diese Pilgerstätte wies keinen einzigen Menschen auf. Es war nicht zu glauben, kein Tourist oder Pilger war weit und breit zu finden bei dieser Wallfahrtskirche, die sonst niemals menschenleer war. Verwirrt ging ich zurück zum Auto und fuhr nachhause, ohne es vorerst meiner Familie zu erzählen. Ich musste mir erst selbst über meine Begegnung klar werden. Doch nach einigen Tagen redete mich meine Frau auf mein nachdenkliches, ruhiges Verhalten an. Sie war ein feinfühliger Mensch und schnell besorgt um mich. Ich konnte ihr dieses einzigartige Geschehnis ohnehin nicht verheimlichen und erzählte ihr von diesem besonderen Tag im Maria Fieberbründl. Unendlich erleichtert ging ich aus dem Gespräch mit Rosa, denn ich konnte dieses bewegende Ereignis nicht mit mir herumtragen, als wäre nichts geschehen. Der Druck in mir war weg und ich konnte wieder durchatmen.

Wochen später fuhr ich zu einer Grazerin die meine Hilfe brauchte. Als ich in ihre Wohnung eintrat und die Dame ansah, spürte ich eine unheimliche Gewissheit, dass diese Frau unterhalb des Brustbereiches Entzündungen hatte. Ich war mir felsenfest sicher, dies zu spüren und konnte mir nicht erklären, wo diese Fähigkeit denn plötzlich herkam. Ich hatte so etwas noch nie zuvor erlebt. Ich ging ihre Räumlichkeiten mit der Rute ab und als sie an ihrem Bett stand ging ich – wie selbstverständlich – mit der Rute nahe an ihr vorüber. Als ich mit der Rute genau auf ihrer Höhe war, fiel sie wie gestoßen in das Bett neben ihr. Die Frau und ich waren gleich erstaunt von diesem Geschehnis und sie berichtete, sie habe sich nicht mehr aufrecht halten können. Sie versuchte wieder aufzustehen, doch sie konnte sich neben mir nicht lange halten und sank zurück auf die Bettkante. Es war wirklich seltsam. Ich bat sie, sich zurück auf das Bett zu legen, um etwas auszutesten. Bereitwillig legte sie sich zurück und ich hielt meine Hände – von meiner inneren Intuition gelenkt – zirka vierzig Zentimeter über die von mir gespürte Entzündung unter dem Brustbereich. Daraufhin fühlte sie einen starken Druck im Oberkörper. Ich fragte sie, ob ich meine Hände auf den Entzündungsherd legen dürfe und sie willigte ein. Ich legte meine Hände wie von oben gelenkt auf diese von mir gefühlte kranke Stelle und die Dame meinte, nun eine wohlige Wärme im ganzen Körper zu spüren. „Woher haben Sie denn diese Kräfte?", fragte sie mich verwundert über diese Empfindungen, die ich durch meine Hände in ihrem Körper ausgelöst hatte. Nach kurzem Zögern wusste ich, welche Antwort nun dafür verantwortlich sein würde und erzählte ihr zaghaft von meiner Begegnung in Maria Fieberbründl.

War diese Frau nun Maria? War diese Frau meine verstorbene Stiefmutter, die selbst vor ihrem Tod eine Erscheinung gehabt hatte? Diese Frau, der ich dieses Erlebnis anvertraute, riet mir, meiner Stiefmutter eine Messe lesen zu lassen, was ich anschließend auch tat. Sie meinte verständnisvoll, dass diese Gestalt wohl nicht ohne Grund erschienen sei und möglicherweise etwas von mir wollte. Das schien mir auch so, denn nun stand ich erst richtig in Verbindung mit meinen Kräften und konnte nicht nur Wasser und Erdstrahlen im Boden erspüren, sondern auch Störungen im menschlichen Körper erstmalig fühlen. Diese Begegnung hat meine wahre Kraft in mir erweckt und sollte noch unglaublich vielen Menschen in meinem weiteren Leben dienlich sein.

Strahlenabschirmgeräte und ihre Opfer

In diesem Kapitel möchte ich meine teilweise unglaublichen Erfahrungen mit dem Betrug durch sogenannte Strahlenabschirmgeräte mit Ihnen, liebe Leserinnen und Leser, teilen. Nirgendwo funktionieren Betrügereien mehr, als bei kranken und oft stark verzweifelten Menschen, die jeden Preis bezahlen würden, um wieder gesund zu werden und sich besser zu fühlen. Dieser Umstand kommt einigen verkauftüchtigen Wünschelrutengehern sowie Firmen und Vereinen gerade recht, um ihre heimtückischen Geschäfte zu machen und sich auf Kosten anderer und deren Gesundheit zu bereichern. Mir ist bei meinen Besuchen noch kein einziges von über hundert Geräten untergekommen, das sein Versprechen, Erdstrahlen, Wasseradern oder Elektrosmog abzuschirmen, halten konnte. Unzählige Menschen bleiben und blieben auf unterschiedlichsten Geräten, Dosen, Schachteln, Metallgegenständen, Sticker, Matten, Scheiben und einer leeren Brieftasche sowie enttäuschten Hoffnungen sitzen.

Immer, wenn ich mit Menschen darüber spreche, heißt es: „ Mir würde das ja nie passieren!" „Wer glaubt denn schon an die Wirkung einer Kupferpyramide oder einer Holzkiste die man unters Bett stellen muss?" „Wer kauft denn schon die Katze im Sack, und dann auch noch für mehrere hundert Euro?" Wer? Ganz einfach diese Menschen, die schulmedizinisch oft alle Möglichkeiten ausgeschöpft haben, um zu genesen oder einfach gutgläubige Menschen, die sich von einem serösen Auftreten der Vertreter, geschäftsfähigen Wünschelrutengehern oder Homepages im Internet blenden lassen. Das ist auch kein Grund zur Schande. Es passiert viel mehr Menschen, als man vermuten würde. In meiner langjährigen Erfahrung von über dreißig Jahren sind mir schon die unterschiedlichsten Menschen aus verschiedensten Gesellschafts- und

Bildungsschichten untergekommen, die diesen Betrügereien auf den Leim gegangen sind.

Daher liegt mir dieses Kapitel besonders am Herzen, um jene zu warnen, die sich durch Abschirmgeräte vor krankmachenden Strahlen geschützt fühlen. Wie zuvor schon gesagt, gibt es keine Beweise, dass eines der tausenden Abschirmgeräte, die auf dem Markt immer mehr und vielseitiger auftauchen, Erdstahlen, Wasseradern und Elektrosmog umleiten können. Bei all den Menschen, die mich um Hilfe gebeten haben, nahmen die bereits vorhandenen und platzierten Abschirmgeräte auf meine Wünschelrute und das Ausschlagen auf Wasseradern keinen Einfluss. Die Strahlung wurde nach wie vor angezeigt, die laut Verkäufer umgeleitet oder ausgeschleust hätte werden sollen, obwohl man mir zunächst nicht verriet, Abschirmgeräte gekauft und angebracht zu haben.

Im folgenden Abschnitt möchte ich Ihnen von über vierzig Geräten berichten, die ich von betrogenen Leuten für dieses Buch und zur Weitergabe an die Kriminalpolizei Steiermark zur Verfügung gestellt bekommen habe. Durch einige Untersuchungen der Polizei wurde dadurch schon einigen Vertreibern vermeintlicher Abschirmgeräte das Handwerk gelegt. Leider wachsen diese durch das Internet heutzutage wie Schwammerl aus dem Boden und ihr Schaden kann oft nur durch Mundpropaganda und Aufklärung minimiert werden. Das einzig wirksame Mittel, um Störzonen und ihren möglichen negativen körperlichen und psychischen Auswirkungen effektiv zu umgehen, ist das simple Ausweichen mit dem Schlaf- und Arbeitsplatz. Wie? Indem man sich von einem befähigten Wünschelrutengeher die Wasseradern und Erdstrahlen anzeigen lässt, um sich dauerhaft nur auf strahlenfreien Plätzen niederzulassen, zu schlafen oder zu arbeiten. Auf diese Art und Weise kann einem sehr viel Leid erspart bleiben. Ich bin froh, dass so viele Menschen, die mit meiner Wünschelrutenarbeit zufrieden waren, auf mich weiterverwiesen haben und somit auch ihren Freunden und Bekannten geholfen werden konnte.

Ich habe über die Jahre hinweg über hundert Strahlenabschirm-geräte gesammelt, die mir überlassen wurden, nachdem die erwartete Wirkung nie eingetreten war, und habe, wie zuvor schon erwähnt, mit der Kripo Steiermark in dieser Sache zusammengearbeitet. Einige der absurdesten und hinterlistigsten Beispiele möchte ich auch Ihnen nicht vorenthalten. Die dazugehörigen Abbildungen der unterschiedlichen, wirkungslosen Geräte können Sie sich am Ende dieses Berichtes auf Seite x anschauen.

Abschirmpyramiden:

Frohnleiten: Einer Familie, die sich vor Störzonen in ihrem Eigenheim schützen wollte, wurden drei Kupferpyramiden zu einem angeblichen Schnäppchenpreis von 660 Euro verkauft. Laut Bedienungshinweis des Verkäufers mussten diese Kupferkörper auf dem Kasten im Schlafzimmer platziert werden um Störzonen abzuschirmen. Die Familie wartete ein ganzes Jahr geduldig, doch die Wirkung blieb aus, bis sie auf mich stießen und auf mein Anraten hin mit ihrem Bett vom strahlenbesetzten Platz abwichen.

Proleb, Obersteiermark: Ähnlich erging es einer alleinstehenden Dame, der ebenfalls eine Pyramide – dieses Mal sogar aus bloßem Karton – um 110 Euro angedreht worden war. Sie bekam die Anweisung, dieses Abschirmgerät auf die Kredenz zu stellen, und von nun an sorglos auf die Wirkung zu vertrauen. Als ich sie kennenlernte, war meine Wünschelrute wenig beeindruckt von der Wirkung des Gerätes, da sie dennoch Störzonen in der Gegenwart der Pyramide anzeigte. Somit war die Pyramide ihrer Wirkungslosigkeit überführt und die verärgerte Frau überlies mir dieses unnütze, aber teure Teil, um andere vor diesem Betrug zu warnen.

Anger, Steiermark: Pyramiden werden anscheinend als Klassiker in der Abschirmbranche hergenommen, und so wurde ich zu einem Ehepaar gerufen, das laut eigener Aussage erfolglos alles Mögliche getan hatte, um eine vermeintliche Störzone im Schlafzimmer abzuhalten. Ich fand dieses Mal vier doppelte Metallpyramiden mit Kunststoffbeschichtung vor, die das Paar um insgesamt 1160 Euro erstanden hatte. Sie hatten sie anweisungsgerecht im Zimmer verteilt und warteten ebenfalls vergeblich auf die Besserung ihrer Symptome durch diese kostspielige Investition, die ihnen Besserung versprach.

Grimmenstein, Niederösterreich: In dieser Umgebung trieb ein besonders gerissener Wünschelrutengeher sein Unwesen und verkaufte einer verzweifelten Familie drei kleine Holzpyramiden um 660 Euro. Sie hatten sich dieses Geld vom Mund abgespart, um es für ihre Gesundheit einzusetzen. Diese Aktion war ebenfalls vergeblich.

Ilz, Steiermark: Ich wurde von einem besorgten Hausbesitzer gerufen, der mir ein Abschirmgerät der besonderen Art zeigte. Ich dachte mir, „man lernt wohl nie aus", als ich dieses „Trum" sah. Eine Pyramide, zur Abwechslung mal aus Kupferrohren zusammengebaut und auf einer Gewindestange aufgedreht. Dieses Abschirmgerät wurde von einem Vertreter direkt auf den Kasten des Mannes montiert und hätte die Aufgabe gehabt, das Zimmer strahlenfrei zu halten. „Für nur 109 Euro schützen Sie sich in Zukunft vor den gefährlichen Auswirkungen der Störzonen in ihrem Schlafzimmer!", versprach der Verkäufer und verschwand mit dem Geld. Diese Pyramide war weder besonders dekorativ noch änderte sie die Störzone, auf der das Paar jahrelang schlief.

Eggersdorf, Steiermark: Eine aus Draht zusammengelötete Pyramide, die auf einem Holzquadrat befestigt war, fand ich in einem Einfamilienhaus in der Nähe von Graz vor. Sie wechselte für 218 Euro den Besitzer und war natürlich auch nicht mehr und nicht weniger als eine Bastelei eines Betrügers, der die Notlage einer hilfesuchenden Familie ausnutzte. Die enttäuschten Familienmitglieder überließen mir diese „Skulptur" – oder wie man das eben nennen mag – nur zu gern, um sich nicht immer an den Betrug erinnern zu müssen.

Abschirmkästen und Platten:

Heimschuh, Steiermark: Andrea Temel, eine junge Mutter zweier Kinder, teilte ihre Erfahrung mit mir als Rutengeher mit ihrer Freundin, als diese ihr von einem skurrilen Rutengeher berichtete. Dieser habe ihr umgebautes, 200 Jahre altes Bauernhaus auf Störzonen untersucht, und war zum erschreckenden Ergebnis gekommen, dass das Haus nahezu unbewohnbar, wenn nicht sogar krebsfördernd und vor allem schlecht für ihre Kinder sei. Dieser Mann versetzte Andreas Freundin in richtige Panik, um ihr dann zu sagen, dass er glücklicherweise ein Abschirmgerät hätte, das Abhilfe schaffen könnte. Sie müsse sich nur sofort entscheiden, sonst wäre das Kontingent leider schon aufgebraucht. Was er dafür haben wollte? Nur die kleine Summe von 5800 Euro müsse sie bezahlen, um zwei Kästen zu erstehen, die vor dem Wohnhaus eingegraben werden würden. Anschließend sei das Haus strahlenfrei und sie müsse sich keine Sorgen mehr um die Gesundheit machen. In ihrer Besorgnis forderte sie ihn jedoch dreimal auf, ihr aufzuzeichnen, wo genau Störzonen verlaufen würden. Zu dieser Zeichnung kam es nie, er wollte ihr diesen wesentlichsten Punkt schlicht schuldig bleiben. Daraufhin brach sie den Kontakt ab, die Besorgnis um sich und ihre Kinder blieb jedoch. Andrea Temel gab ihr daraufhin mein erstes Buch und empfahl ihr, mich zu Rate zu ziehen, um das bedrückende Gefühl loszuwerden. Dankbar nahm die junge Frau den Rat an und somit wissen wir heute, dass dieses alte Bauernhaus an einem ausgesprochen guten Platz steht und bis auf eine Wasserader, der man gut ausweichen kann, frei von Strahlung ist. Da auch die Generationen vor ihr allesamt ein langes, gesundes Leben gehabt hatten, erschien ihr mein Urteil plausibler, und sie konnte durch den Tipp von Andrea Temel wieder beruhigt schlafen.

Lebing bei Anger, Steiermark: Hier bekam man eine vierzig Zentimeter große, quadratische Holzkiste mit der Aufschrift, „bitte nicht stürzen, nicht öffnen, und nicht auf feuchten Boden stellen!", angedreht, um ein strahlenfreies Schlafzimmer zu haben. Zusätzlich erhielt man vom Vertreter dieses Abschirmgerätes eine sechsmonatige Garantie, wenn man diese Box nicht öffnen würde. Kostenpunkt für diese unehrliche Variante: 290 Euro. Als ich die Kiste mit dem Käufer öffnete, staunten wir nicht schlecht! Nun war klar, warum man sie keinesfalls innerhalb von sechs Monaten öffnen sollte. Der Betrüger hatte sich lediglich Zeit verschafft, um noch einige Kisten zu verkaufen, bevor er gestellt werden würde, und floh anschließend über alle Berge. Das war auch besser für ihn, denn als wir in die Kiste hineinsahen, erblickten wir drei übereinander gestülpte Tonblumentöpfe, nichts weiter.

Mureck, Steiermark: Auf das Innenleben eines Elektrokasterl mit einem nun offensichtlich „blinden Anschluss" schaute ich gemeinsam mit einem entrüsteten Käufer, der nicht hatte verstehen können, warum dieses Abschirmgerät unter dem Bett noch keine Wirkung gezeigt hatte, obwohl er zuvor dafür geschlagene 1450 Euro ausgegeben hatte. Nicht nur das Kabel sondern auch die Wirkung liefen hier ins Leere.

Rottenmann, Steiermark: Als man auf kein Wunder bezüglich eines quadratischen, außerordentlich schweren Abschirmkästchen mit Holzumrahmung mehr wartete, wurde ich zu einer Familie nach Rottenmann gebeten. Sie hatte Probleme mit den Auswirkungen von Wasseradern in ihrem Haus und nach einem Jahr und einer Investition von 1453 Euro für ein Abschirmgerät, verlor die Familie den Glauben an dessen Funktionstüchtigkeit. Der Aufkleber „Bitte nicht kippen, nicht stürzen, sonst Garantieverlust", schreckte nun niemanden mehr ab, und wir lüfteten gemeinsam die Frage um die fehlende Funktion des teuren Apparates. Wir trauten unseren Augen kaum, als wir lediglich auf die Masse von gehärtetem Beton starrten.

Bromberg, Niederösterreich: Eine verunsicherte Familie stieß auf mich, als sie die Wirkung eines zehn mal zehn Zentimeter großen Abschirmholzkastens nicht mehr abwarten konnte. Zwei Jahre lang hoffte sie vergebens auf die leider ausbleibende Verbesserung ihrer verstrahlten Wohnung. Gemeinsam lüfteten wir das Geheimnis des überflüssigen Gerätes, das mit 336 Euro die Haushaltskasse geschmälert hatte. Natürlich warnte der schlaue Verkäufer vor dem Öffnen dieses Kästchens und drohte mit Garantieverfall. Bei diesem Inhalt verwunderte diese Androhung kaum. Ein kleiner verstaubter Spiegel sollte diese Menschen an der Nase herumführen.

Zeil bei Pöllau und Wenigzell, Steiermark: Hier bekamen zwei Familien den nutzlosen Einfallsreichtum eines Rutengehers finanziell zu spüren. Dieser Hochstapler montierte in den Kellern der Wohnhäuser sogenannte Strahlenabschirmkästchen um 1090 Euro, mit dem Versprechen, die Häuser damit vor Strahlen aller Art abgeschirmt zu haben. Als man nach einiger Zeit vergeblichen Wartens mit mir Kontakt aufnahm, schauten wir uns diese Kästchen mal von innen an. Es waren diesmal weder Stäbe noch Kupferzeugs oder Blumentöpfe recycelt worden! Für viel mehr Erstaunen sorgten diesmal die alten Motoren kaputter Waschmaschinen, die den Schein waren sollten. Mit 1090 Euro hätte man sich immerhin schon eine sehr gute und funktionstüchtige Waschmaschine anschaffen können. Man darf ja gar nicht nachdenken, sonst schnappt man in solchen Situationen wirklich über.

Oststeiermark: Hier kam es bei einem gutgläubigen Gastronom zu einem Betrug der besonders schweren Art, der sich auf einen Schaden von über 10.000 Euro belief. Diesem Mann wurden tatsächlich dreizehn Stück Abschirmkästen für ein sogenanntes

„strahlenfreies Zuhause" innerhalb von einer ganzen Woche montiert, da sein Haus so stark verstrahlt gewesen sei. Die Standorte dieser Kästen – die im Übrigen nach dem wieder angesagten Öffnen nur Kupferplatten aufwiesen – musste dieser heimtückische Rutengeher natürlich am Dachboden, und nicht wie man erwarten würde im Keller des Hauses, „fachmännisch" auspendeln. Offenbar wirkte er sehr kompetent und konnte sein Produkt gut anpreisen und so ein kleines Vermögen ergaunern. Erst ein anderer Rutengeher brachte hier, Jahre später, eine Verbesserung der Situation durch eine empfohlene Bettenumstellung. Das Geld kann dem Gastronomen leider niemand mehr zurückbringen.

Gußwerk bei Maria Zell, Steiermark: Mit einigen Gemeindemitgliedern verdiente sich dort ein unehrenhafter Rutengeher eine goldene Nase, indem er ihnen verschlossene Plastikschachteln (gefüllt mit Messingstäben) um 727 Euro pro Stück als Abschirmhilfe für Strahlen aller Art anbot. Viel Geld und Ärger um nichts.

Ebersdorf, Steiermark: Als das Leiden eines Mannes nach dem Ankauf eines Erdstrahlenabschirmkastens nicht besser wurde, bat er mich um Rat. Hier bezahlte man 654 Euro für ein Elektrokasterl – etwa so groß wie ein Handy – das Erdstrahlen abschirmen könne. Bis auf ein paar Kabel fanden wir nichts im Innenraum, das auf Funktion jeglicher Art hätte schließen lassen können, außer auf einen klassischen Betrug.

Steiermark/Niederösterreich: Ein Rutengeher machte offensichtlich ein gutes Geschäft mit dem Verkauf von zusammengeklebten Plastikplatten im Grenzgebiet Steiermark/Niederösterreich. Ich stieß immer öfter auf Haushalte, die dieses unnütze Teil um 660 Euro erstanden hatten, um sich vergeblich vor Wasser- und Erdstrahlen zu schützen. Ich habe im Beisein dieser Leute diese Platten geöffnet – natürlich gegen die Anweisung des Verkäufers – und es kam ein gewöhnlicher Kupferdraht zum Vorschein, den man im Baumarkt vermutlich unter 660 Euro bekommen hätte können. Wirkung? Bis auf erhöhten Blutdruck bei den zum Narren gehaltenen Käufern, tat sich bei den Plastikplatten nichts.

Hollenthon, Niederösterreich: Ich wurde zu einem klassischen Fall von verstrahlten Schlafplätzen einer Familie gerufen, die allesamt verschiedene Symptome aufwiesen, die schulmedizinisch nicht zur Genesung führten. Mein Einsatz brachte glücklicherweise rasch entsprechende Besserung und die Familie klärte mich nachträglich darüber auf, dass sie Jahre zuvor zwei Abschirmplatten – um 370 Euro – von einem Rutengeher links und rechts vom Haus vergraben hatten lassen, die entsprechende Strahlenabschirmfunktion hätten haben sollen. Meine Rute spürte jedoch ganz klar die Strahlen auf und entlarvte somit wieder einmal eine raffinierte Version von untauglichen Abschirmgeräten.

Birkfeld, Steiermark: Hier wurde eine Jungfamilie mit Abschirmsteckerplatten abgezockt. Diese Elektrogeräte versprechen Strahlenabschirmung in jedem Raum, in dem sie an einer herkömmlichen Steckdose angeschlossen werden. Dieses Verfahren klang einfach und verleitete den Hausherren dazu, für jedes der vier Schlafzimmer einen solchen Stecker zu kaufen. Bei genauer Betrachtung konnte man jedoch feststellen, dass die beiden Anstecksstifte aus Plastik waren und somit nicht den Strom sondern die Menschen für 360 Euro in die Irre leiteten.

St. Kathrein am Offenegg, Steiermark: Auch hier rief mich eine Frau um Hilfe, der zuvor eine kreisförmige Kunststoffplatte mit schwarzen Linien um 440 Euro aufgeschwatzt worden war. Der Gegenstand ließ auf keine Verbesserung der Symptome der im Haus lebenden Personen schließen. Man konnte das Ding drehen und wenden, wirken wollte und konnte es offensichtlich nicht.

Abschirmmatten:

Schaueregg, Mönichkirchen: Ein älteres Ehepaar präsentierte mir ihre 1000 Euro teuren Abschirmmatten, die einfach nicht gegen die Strahlen helfen wollten. „Matten sind ebenso wie Pyramiden ein gern gewähltes Produkt, um es Menschen als Abschirmgerät zu präsentieren", zeigt meine langjährige Erfahrung. Es klingt für viele Leute offenbar plausibel sich direkt auf eine (Abschirm)matte zu legen, um sich so vor der Gefahr abzuschotten. Das geht jedoch laut meiner Einschätzung zu 100 Prozent daneben, da es nun mal kein Gerät gegen die Gewalt der Natur gibt. Das einzige Kraut gegen Wasseradern und Erdstrahlen heißt: ausweichen!

Bad Gleichenberg, Steiermark: Auch hier schlugen Menschen beim Verkauf ähnlicher Abschirmmatten zu und bereicherten einen unseriösen Rutengeher damit mit 1400 Euro. Wir ließen es uns nicht nehmen, das Innere dieser Matten zu inspizieren. Danach wunderte man sich in diesem Hause nicht mehr über die ausgebliebene Wirkung. Stroh, Watte und Stanniolpapier waren bisher auch noch nicht bekannt für ihre abschirmende Wirkung. Am meisten ärgerten sich jene Betroffenen, bei denen ich ohnehin keine Verstrahlung im Schlafzimmerbereich finden konnte. Manche Rutengeher arbeiten anscheinend prophylaktisch, für den Fall, dass einmal eine Wasserader vorbeischaut, sozusagen. In diesen Situationen fehlen einem oft die Worte.

Gleinstätten, Steiermark: Hier hat eine junge Frau möglicherweise mit ihrem Leben bezahlt. Sie hatte Brustkrebs und wurde von einem Rutengeher mit einer Abschirmmatte sowie einer aufgehängten Rolle mit „Strahlentrichter" versorgt, um die offensichtlich hohe Strahlenbelastung in ihrem Schlafzimmer abzuschirmen. Die Dame hat diesem Mann vertraut und ihm für insgesamt 290 Euro diese Geräte abgekauft, um sich vor der Strahlung zu schützen. Drei Monate nach ihrem Tod betrat ich ihr Schlafzimmer. Ich stellte mit meiner Wünschelrute sofort einen Kreuzungspunkt genau in ihrem Bett auf Brusthöhe fest. Ich war bestürzt, denn so hatte diese Frau keine Chance gehabt, gesund zu werden. Ich kam zu spät, während ein anderer sich die Taschen mit Geld vollgestopft hatte, ohne Rücksicht auf schwere Verluste wie diese. Ich frage mich oft, ob dieser Mensch weiß, was er angerichtet hat.

Abschirmungsaufkleber:

Weiz, Steiermark: Hier empfing mich ein Hausbesitzer, der schon lange Zeit Probleme auf Grund von vermuteten Störzonen im Schlafzimmer hatte. Er behielt mit seiner Vermutung Recht und so suchte ich mit meiner Rute nach einem strahlenfreien Platz, an dem er sein Bett künftig bedenkenlos hinstellen könne. Diese Variante gefiel ihm optisch aber nicht besonders gut und so schaute er sich fatalerweise nach einer anderen Möglichkeit um, sich die Strahlen vom Leib zu halten. Schnell wurde er im Internet auf eine Salzburger Firma aufmerksam die mit „Strahlungs-Umpolungs-Aufklebern" warben. Der Mann sah hiermit die Chance, sich wieder auf seinen alten Platz umlegen zu können und engagierte sofort diese Firma, die ihm eine Abschirmung seines gesamten Hauses versprach. Als die „Abschirmungsexperten" alle Elektrogeräte, Sicherungen und sogar Fenster zu bekleben begannen, kam es dem Eigentümer, bei näherer Betrachtung, doch spanisch vor. Gleich darauf rief er mich an und erzählte mir von seiner Entscheidung diese Firma zu beauftragen. Er bat mich vorbeizukommen, um mir die Arbeit dieser Monteure anzusehen und sie durch meine Wünschelrute zu überprüfen. Mir war klar, dass es sich nur um Betrug handeln konnte und ich überzeugte mich wenig später persönlich von meiner Meinung. Die sogenannten Experten beklebten gerade Fenster mit diesen Umpolungs-Sticker, die angeblich sogar die Strahlung des nahegelegenen Handymasts abschirmen sollten. Ich schüttelte nur den Kopf, als einer der beiden Männer mir erklären wollte, dass diese Vorkehrungen einen optimalen Strahlenschutz für das gesamte Wohnhaus bieten würden. Als ich sie darüber aufklärte, dass nichts dergleichen helfen würde, außer einer Verlegung an einen strahlenfreien Platz, eskalierte die Auseinandersetzung. Mit drohendem Blick schrie mich einer der beiden an: „Verschwinde doch und misch dich nicht in fremde Angelegenheiten, von denen du ja doch nichts verstehst!" Das ließ ich mir nicht zweimal sagen und entgegnete beherrscht: „Meine Herrn, ich fordere Sie nur einmal auf, diese Aufkleber wieder abzunehmen und das Weite zu suchen, ansonsten rufe ich die Kriminalpolizei, die sich über jeden meiner Tipps bezüglich Abschirmbetrügereien freut!" Sie belächelten mich nur, bis ich zum Handy griff, um die Nummer meines Kontaktes bei der Polizei zu wählen. In diesem Moment sprangen die Männer auf, rannten durch das Zimmer und rissen die angeblich so wertvollen Aufkleber sorglos herunter. Zerknüllt lagen sie nun am Boden und wurden anschließend entsorgt. Verwunderlich war dieser unsensible Auftritt dann ja doch, denn diese Umpolungs-Aufkleber hätten den stolzen Preis von 2000 Euro haben sollen. Die Männer verschwanden und auch die Rechnung blieb bis heute aus, was nicht unbedingt für die Funktion dieser Aufkleber spricht. Der Weizer war heilfroh, dieser saftigen Investition ohne zu erwartende Wirkung gerade noch entgangen zu sein. Nun entschied er sich endgültig für die Gesundheit und seinen strahlenfreien Schlafplatz.

Diese und viele weitere kuriose Geschichten über die verschiedensten Abschirmgeräte und ihre fragwürdige Wirkung sind mir im Laufe meiner langjährigen Tätigkeit untergekommen. Auf diesem Wege kann ich Ihnen hier meine persönliche Sammlung an Abschirmgeräten präsentieren, die mir Betroffene bereitwillig überlassen haben, da auch sie großes Interesse daran haben, dass Betrügereien dieser Art aufgedeckt werden. All diese Geräte haben auf jeden Fall eines gemeinsam: Sie haben in keiner Weise gehalten, was sie versprachen.

Linderung erfuhren diese Menschen ausschließlich durch eine sofortige Bettumstellung, nachdem ich auf ihren Schlafplätzen Störzonen festgestellt hatte, die zuvor von unqualifizierten Rutengehern nicht bemerkt worden waren bzw. durch ihre Geräte abgeschirmt hätten werden sollen. So viel kann ich auf jeden Fall sagen: „Bislang konnte mir noch kein Gegenstand zur Abschottung von Störzonen präsentiert werden, dessen Unwirksamkeit ich nicht durch das Ausschlagen meiner Wünschelrute entlarven hätte können."

Heilung durch Abschirmgeräte?

Es gibt auch Menschen, die auf den Erfolg von Abschirmgeräten schwören und Genesung erfahren haben. Wie ist das mit einem wirkungslosen Gerät erklärbar?

Abschirmgeräte verhalten sich bei manchen Menschen demnach wie Scheinmedikamente – sogenannte Placebos – die ihnen kurzfristig zu helfen scheinen. Warum? Eine der psychologischen Erklärungen wird an der Erwartungshaltung des Patienten/Kunden festgemacht. Diese erhoffen sich von einer medikamentösen Behandlung, oder in unserem Fall von einem Abschirmgerät, Linderung und Heilung von Beschwerden unterschiedlicher Art. Erschwerend kommt oft auch der Ausspruch aus dem Volksmund „Was nichts (wenig) kostet, ist nichts wert!" hinzu. Bezahlt man eine Stange Geld für etwas, so erwartet man sich umso mehr. Rät einem der Arzt zu einem Hausmittel, so ist die Erwartungshaltung an eine baldige Genesung meist wesentlich niedriger, als wenn man ein „ordentliches Rezept" für die Apotheke in den Händen hält. Daher sind Menschen oft überrascht, wenn ihnen eine simple Bettumstellung oder Arbeitsplatzveränderung Erleichterung bringt, obwohl sie zuvor hunderte von Euros für diverse Abschirmgeräte bezahlt haben. Denn diese Dinge waren greifbar und durch ihren stolzen Preis scheinbar kostbar und somit mit einer hohen Erfolgserwartung verknüpft. Man hört auch hin und wieder Erfolgsgeschichten von Abschirmgeräten, die offensichtlich einen Placebo-Effekt ausgelöst haben. Menschen, die diese Erfahrung teilen, lagen meines Erachtens nicht auf einer Störzone, was nicht bedeutet, dass sie nicht an Symptomen litten, die sich durch das Glauben an ein Abschirmgerät beheben ließen. Diese Beschwerden rühren jedoch häufig aus dem psychischen Bereich und können daher durch ein vermeintliches Hilfsmittel wie ein Abschirmgerät gelindert werden, da es möglicherweise Sicherheit vermittelt, und auch der Zuspruch des Vertreters Zuversicht schaffen konnte. Durch die Euphorie, die durch einen überzeugenden Vertreter einer Abschirmfirma hervorgerufen werden kann, empfinden manchmal auch Menschen, die von einer Störzone betroffen sind, kurzfristige Erleichterung. Die anfängliche Zuversicht ist meist schnell verpufft. Das einzige was bleibt, sind Kosten für ein wirkungsloses Gerät und endtäuschte Hoffnung auf baldige Genesung. Ohne der Störzone auszuweichen, kommt man dauerhaft jedoch nicht ans gewünschte Ziel.

Genau das kann folgende Geschichte eines oststeirischen Gastwirtes bestätigen. Dieser gutgläubige Mensch ging einem hart gesottenen Rutengeher auf den Leim, da er sich und seiner Familie zu besserem Schlaf und seiner Gattin zu einem Leben ohne Kopfschmerztabletten verhelfen wollte. Der Rutengeher pendelte für die Familie dreizehn Plätze im Haus aus, die mit je einem Abschirmkästchen bestückt werden mussten. Das Ganze kostete unfassbare 10.900 Euro, die der Gastwirt für die Gesundheit seiner Familie bereitwillig bezahlt hatte. Als er mir Jahre später davon erzählte, versicherte er mir glaubhaft, dass sich alle Familienmitglieder nach der Installation dieser Wunderkästchen vermeintlich ausgeschlafener fühlten und auch seine Frau vom Rückgang ihrer schweren Kopfschmerzen berichtete. „Wir alle haben an diese Investition und unsere Genesung geglaubt, da wir ja nicht umsonst so eine Stange Geld hingeblättert hätten", beteuerte er. Dieser positive Zustand dauerte etwa fünf bis sechs Wochen an, ehe sich die Schlaflosigkeit, Erschöpfung aller Beteiligten sowie noch stärkere Kopfschmerzen der Ehefrau wieder einschlichen. Es handelte sich um ein sehr ernüchterndes, kurzfristiges „Erfolgsergebnis" das sich im Nachhinein wohl mit dem Placebo-Effekt, der Euphorie über die erworbene, scheinbare Hilfe und dem großen finanziellen Einsatz erklären lässt. Ein Jahr später entschied sich der Gastwirt erneut für einen Rutengeher, da der Leidensdruck unter der schlechten Schlafqualität und der klägliche Gesundheitszustand seiner Frau, größer wurden. Dieser stellte dann massive Störzonen an den Schlafplätzen der Familienmitglieder fest. Auf die sofortige Bettumstellung folgten zunächst eine Linderung und anschließend das völlige Ausbleiben der Beschwerden, an denen die Familie jahrelang gelitten hatte. Die simple Handlung einer Bettumstellung brachte nun den gewünschten Erfolg, ohne den Aufwand hoher Kosten oder materieller Hilfsmittel. Oft sind es doch noch die einfachen Dinge, die das Leben lebenswerter zu machen scheinen.

Erfahrungsberichte

Betroffene Menschen erzählen, wie Wasseradern ungeahnt ihr Leben beeinträchtigten und wie sie durch eine simple – von mir empfohlene – Bettumstellung zu neuer Lebensqualität gefunden haben. Durch das unbewusste Liegen auf Wasseradern und Wasseraderkreuzungen können Menschen schwere Krankheiten entwickeln, dauerhafte Schlafstörungen bekommen oder kinderlos bleiben. Daher waren einige betroffene Familien bereit, mit ihren positiven Erfahrungsberichten anderen Mut zu machen, sich durch einen fähigen Wünschelrutengeher ein Bild vom eigenen Schlafplatz zu machen.

Ich bedanke mich an dieser Stelle für jeden einzelnen wertvollen Beitrag, der den Leserinnen und Lesern hier zur Verfügung gestellt wurde, sowie für die unzähligen Dankesbriefe die ich immer wieder erhalte. Ich schöpfe so viel Kraft aus diesen Worten um auch im Alter noch weitermachen zu können.

Familie Rupp
8402 Werndorf
Bezirk Graz-Umgebung

Werndorf, Sommer 2013

Unser großer Kinderwunsch

Ich wurde im Jahre 2000, mit damals 28 Jahren unverhofft schwanger. Die Freude darüber war groß, doch sie währte nicht lange, da ich unser Kind im dritten Monat verloren habe. Drei Jahre später versuchten wir wieder unser Glück, doch als einige Zeit ergebnislos verstrichen war, bestätigte uns ein Privatinstitut, dass weder ich noch mein Mann alle Voraussetzungen haben, um ein gesundes Kind zu bekommen. Daraufhin unterzogen wir uns einer medikamentösen Behandlung, auf die insgesamt drei weitere Fehlgeburten folgten. Mit 36 Jahren hatte ich nun vier Fehlgeburten erlebt und wurde auch auf Grund meines Alters immer verzweifelter.

Auf den Rat einer Freundin hin holte ich Herrn Eicher ins Haus, um unsere Schlafplätze untersuchen zu lassen. Die erste Begegnung mit ihm, war für mich sehr ungewöhnlich. Ich fühlte einen Energiestrom durch meinen Körper fließen, der meine Knie weich werden ließ. Ich konnte nicht anders und musste mich setzen. Ich musste richtig Abstand zu ihm halten als wir durchs Haus gingen, damit sich die Spannung in mir wieder legen konnte. Wie vermutet durchkreuzte eine Wasserader unseren Schlafplatz auf Höhe meines Unterleibes. Auch mein Mann schlief nachts nicht gut und musste einige Male aufs WC. Wir hatten keine Möglichkeit unser Bett im Schlafzimmer umzustellen und wanderten damit auf einen störzonenfreien Platz in unserem großen Wohnzimmer. Im Laufe der Besichtigung legte Herr Eicher seine Hände auf meinen Bauch und sagte mir, dass ich in diesem Bereich eine Blockade hätte. Er riet mir an dieser Stelle, einige Zeit den Storchenschnabeltee zu trinken.

Gesagt, getan! Und siehe da, die Bettumstellung und der Tee haben ihre Wirkung wohl nicht verfehlt! Am 15. August 2009 durften wir unsere erste Tochter Katharina in unserem Leben begrüßen. Eineinhalb Jahre später erblickte unsere zweite Tochter, Valentina, das Licht der Welt.

Dieses unglaubliche Glück verdanken wir Herrn Eicher, der die schadenbringende Störzone in unserem Schlafzimmer aufspürte und uns einen guten Schlafplatz finden ließ.

Herzlichen Dank!

Familie Rupp

Julia Junger & Alois Finster
Schemerlhöhe,
8302 Nestelbach bei Graz

Nestelbach, 12.08.2013

Der Traum von einer Familie wurde endlich wahr

As ich ein Kind war, sagte meine Mutter in heiklen Situationen zu mir „Mein Kind, Probleme sind dazu da, um sie zu lösen"…seit ich denken kann, halte ich mich daran, doch an einem bestimmten Zeitpunkt meines Lebens hatten wir alles versucht, den größten Wunsch meines Lebenspartners und mir umzusetzen, doch es wollte und wollte einfach nicht gelingen.

Ich war nach meiner 3. Fehlgeburt im Spital aufgewacht und fühlte Leere. Mein Innerstes war wie ausgelöscht – selbst die Trauer und der Schmerz, diese unendliche Hoffnungslosigkeit halfen in diesem Moment nicht, diese weitere Enttäuschung in irgendeiner Form zu lindern. An diesem Punkt wusste ich, dass wir diese Prüfung unserer Leben – „"das Elternwerden" nicht alleine bewältigen könnten und uns nach Alternativen umsehen mussten. Jede Frau, die diese Zeilen liest und Halt sucht, jede Mutter die ihre eigene Geschichte mit Kinderwunsch hinter sich hat, wir alle wissen, was es bedeutet wenn unser Kopf sagt, ich bin bereit für meine eigene Familie – doch unser Körper uns einen Streich spielt.

Ich hatte wieder eine Odyssee von Arztbesuchen hinter mich gebracht und sah diesmal meine Situation mit anderen Augen. Ich denke, dass ich mit der Trauer und mit der Unsicherheit, mit der ich lebte, routinierter, reifer und sicherer wurde. Unser gemeinsamer Wunsch nach einem eigenen Kind öffnete mein Herz und nachdem ich nun so manche esoterische Methode zwar versucht hatte, aber mir letztendlich eingestehen musste, dass ich deshalb nicht ruhiger, gelassener oder weiser wurde, ergab sich auf meiner Reise ein Gespräch über einen „scheinbar" unscheinbaren

Mann, der mit seiner Wünschelrute schon so manches Leben gerettet, so manche Krankheit gelindert und so manchem verzweifelten Pärchen zum Elternsein verholfen hatte.

Ich war aufgeregt, nach meinem kurzen Telefonat mit Herrn Eicher, wo ich lediglich um seine Hilfe bat und keine weiteren Details bekannt geben musste, fand dieser schnell ein paar Tage später Zeit und nun saßen wir gespannt zuhause und wussten nicht was uns erwartet.

Mit seinem freundlichen und auch außergewöhnlichen Wesen trat Herr Eicher in unsere Küche und bevor ich ihm eine Tasse Kaffee anbieten konnte, nahm er mich ins Visier, benutzte seine Hände die meinen Körper nicht berührten, und er erklärte mir mit einer Selbstverständlichkeit wie ich es zuvor von keinem meiner Ärzte zu hören bekam, dass ich wohl „verstrahlt“ wäre und es kein Wunder sein würde, kein Kind bekommen zu können. Wohlgemerkt, ich hatte nicht einmal erwähnt (!) warum ich ihn zu uns gebeten hatte!

Wir waren sprachlos, der Bann war nun auch bei meinem Lebensgefährten gebrochen und wir ließen uns auf diese Erfahrung ein – was dann geschah soll in unserem Herzen bleiben. Nur so viel zu den Fakten:

Herr Eichers Gang mit der Wünschelrute ergab, dass ich auf einer Wasserkreuzung liegen würde – er sagte uns auch, was wir besser heute als morgen an unserer Schlafposition verändern sollen damit wir endlich Eltern werden könnten.

Ich habe nun die Möglichkeit unsere persönliche Geschichte mit Herrn Gottfried Eicher zu erzählen und mit Gleichgesinnten und Interessierten zu teilen, und auch wenn viele Menschen glauben, dass das Wünschelrutengehen auf einer langen Tradition basiert und deshalb mit einem zwinkernden Auge Glaube geschenkt wird, kann sicher nun jeder selbst ein Bild über folgende Zeilen machen.

Gemütlich bei Kaffee und Kuchen ließen wir diese besondere Erfahrung mit Herrn Eicher in unserer Küche ausklingen, als er plötzlich auf die Uhr sah und meinte, nun müsste er sich beeilen, weil die Frau zuhause warten würde. Er sah mich an, nahm mich in den Arm und sagte, "ruaf mi au waun der Bua im April auf'd Welt kummt!

2 Jahre später, am 22. April 2011 wurden Alois und ich auf natürlich gezeugten und spontan geborenen Weg Eltern eines gesunden Buben mit dem Namen Oskar Frank Junger.
Das war ein Karfreitag – die kleine Zeitung hatte Herrn Eicher an diesem Tag eine Doppelseite gewidmet, was ich erst ein paar Tage später von meiner Familie erzählt bekam.

Zufall? Entscheiden Sie selbst!

Gottfried Eicher, Sie sind unser Held! Dafür werden wir Ihnen immer dankbar sein!

Julia Junger & Alois Finster
mit
Oskar, geboren am 22.04.2011
Jakob, geboren am 13.10.2012

Fam. Magg
8044 Weinitzen/Niederschökel
Steiermark

Weinitzen, Juni 2013

Starke Rückenschmerzen verblassten und Wunschkind entstand

Meine Frau Iris litt seit Jahren an starken Rückenschmerzen, an denen auch keine neue Bettausstattung etwas ändern konnte. Gottfried Eicher kam im November 2009 zu uns und empfahl uns eine Bettumstellung, da wir von Wasseradern betroffen zu sein schienen. Es kreuzten sich zwei Wasseradern genau im Rückenbereich auf der Seite wo meine Frau schlief.

Nebenbei bemerkte Herr Eicher, dass wir kinderlos bleiben könnten, würden wir auf dieser Störzone weiter verweilen. In der Tat wünschten wir uns seit Jahren nichts sehnlicher als ein Baby, was uns bisher aus ungeklärter Ursache verwehrt blieb. Was hat uns der Besuch von Gottfried nun konkret gebracht?

Nach unserer Bettumstellung folgte nicht nur die Beschwerdefreiheit meiner Frau sondern auch unser langersehntes Wunschkind Ferdinand gleich im darauffolgenden Jahr 2010!

Herzlichen Dank an dieser Stelle,

Iris, Peter und Ferdinand Magg

Elfriede Grabner
Steiermark

13.August 2013

Gute Unterstützung bei der Genesung

Im Alter von 6 ½ Monaten wurde bei meinem Sohn Dorian eine äußerst seltene, schwere Form von akuter myeloischer Leukämie diagnostiziert.

Es folgten 9 Monate, in denen ich mich fast ausschließlich in einem sterilen Zimmer der pädiatrischen Hämatologie / Onkologie aufhielt.
Chemotherapien, Knochenmarktransplantation und jede Menge Komplikationen machten diese Zeit sehr schwierig für alle Beteiligten.
Ab und zu durfte ich zwischenzeitlich für ein paar Tage nach Hause.
Nach dem 1. Heimurlaub blieb ich in Zukunft jedoch freiwillig in der Klinik, weil es Dorian zuhause aus unerklärlichem Grund noch viel schlechter ging.

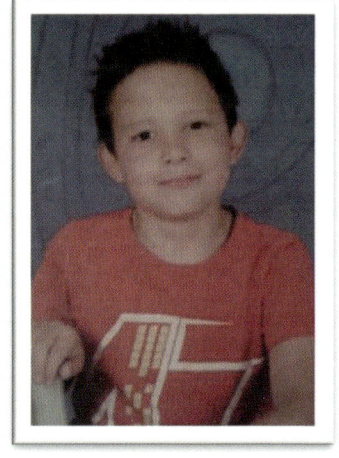

Bis ich schließlich auf die Idee kam, Sie, lieber Herr Eicher, zu kontaktieren, damit Sie sich die Situation bei mir zuhause mal ansehen.
Schon als Kind habe ich nämlich, durch meine Schwester, die Erfahrung gemacht, was Wasseradern oder auch Erdstrahlen bei manchen Menschen bewirken können! – Das war damals übrigens auch schon Ihr hilfreicher Rat, den meine Eltern in Anspruch nahmen.

Auch diesmal war es so, sein Bettchen stand, laut Ihren Angaben, genau auf einer Strahlenkreuzung! Sie zeigten uns, wo wir Dorians Bett in Zukunft am besten hinstellen – was wir natürlich sofort erledigten.

Nach der Knochenmarktransplantation durften wir schließlich eine Woche nach Hause.
Täglich konnte ich beobachten, wie es meinem Sohn immer besser ging!
Rasch ging es mit seinen Kräften aufwärts und er erholte sich prächtig!
Bald durften wir die Klinik verlassen und mittlerweile ist Dorian völlig gesund, voller Energie und Lebensfreude!

Ich bin überzeugt, dass Sie einen großen Teil zur Genesung meines Sohnes beigetragen haben!
Ich empfinde Ihre Fähigkeit als ein wunderbares Geschenk Gottes, das auch uns zuteilwurde! Dafür möchte ich Ihnen im Namen meiner Familie von ganzem Herzen danken!

Elfriede Grabner

Daniel Lang
Obergreith 59
8160 Weiz

Obergreith, Mai 2013

Hilfe bei Schlafstörung im Kindesalter

Wir stellten im 5. Lebensjahr unseres Sohnes Daniel fest, dass er nachts ohne erklärbaren Grund mit weit aufgerissenen Augen zu schreien und um sich zu schlagen begann. Seine Hände und Füße wirbelten wild umher, er zitterte am ganzen Körper und zeigte keinerlei Reaktion auf unsere Beruhigungsversuche bis er körperlich erschöpft endlich wieder in den Schlaf sank.

Es begann eine sehr anstrengende und schwierige Zeit für uns, da wir diesem Szenario hilflos gegenüber standen und unserem Sohn nicht helfen konnten. Dieser Umstand zehrte täglich an unseren Nerven, bis wir ein Jahr später (2001) von Gottfried Eicher erfuhren und ihn spontan zu uns bestellten, um unser Haus nach schädlichen Strahlen absuchen zu lassen.

Schockierender Weise schlief Daniel tatsächlich genau mit seinem Kopf auf einer Wasseraderkreuzung, worauf uns Herr Eicher eine sofortige Bettumstellung empfahl, der wir sofort nachkamen. Wie durch ein Wunder fand Daniel nur drei Wochen später wieder friedlich seinen Schlaf ohne Schreiattacken und Störungen und die ganze Familie konnte sich nach unzähligen Nächten endlich wieder erholen.

Bis heute (2013) traten keine Auffälligkeiten mehr auf und aus Daniel wurde ein erfolgreicher Musiker und Harmonikaspieler bei der Musikgruppe „Die Obergreither", die 2011 sogar ihre erste CD herausbringen konnten. Wir sind sehr stolz auf unseren Sohn und dankbar für die Hilfe von Gottfried Eicher, der uns und unserem Sohn wieder einen gesunden Schlaf ermöglichte.

Familie Lang

Monika Lechner
34 Jahre
8262 Ilz

Ilz, Mai 2013

Mein erster Kontakt mit Gottfried Eicher

…*war bereits im Jahr 2000. Damals war ich 21 Jahre alt und hatte mehrmals hintereinander schwere Angina und musste deshalb immer wieder Antibiotika nehmen. Herr Eicher stellte im Kopfbereich meines Bettes eine Wasseraderkreuzung fest. Das Bett wurde sofort umgestellt. Seither hatte ich kein einziges Mal Angina! Mittlerweile (2013) bin ich selbst Mutter und mein viereinhalbjähriger Sohn hatte binnen vier Monaten fünfmal Mittelohrentzündung. Jedes* 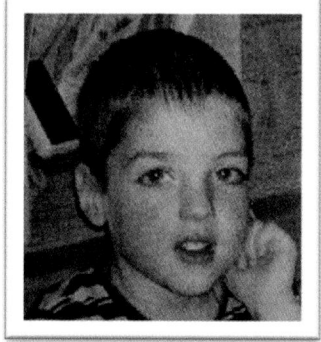 *Mal war er auf Antibiotika angewiesen. Ein Facharzt stellte bei ihm vergrößerte Polypen fest.*

Als eine Operation immer näher rückte, erinnerte ich mich an Gottfried Eicher und seine Wünschelrute. Er kam bereits einen Tag nach meinem Anruf in unser Haus und stellte fest, dass durch das Bett meines Sohnes, im Kopfbereich, eine Wasserader verläuft. Sein Bett wurde umgehend umgestellt. Seither blieben Mittelohrentzündungen gänzlich aus und der Facharzt stellte fest, dass keine Polypen-Operation mehr von Nöten sei. Ich bin Gottfried Eicher unendlich dankbar!

Monika Lechner

Annemarie Gogeissl
8200 Gleisdorf
Steiermark

Gleisdorf, Jänner 2013

Herzbeschwerden vergingen durch Bettumstellung

Eine Begegnung mit Ihnen und Ihren Fähigkeiten wird mir immer in Erinnerung bleiben: Meine damals 16-jährige Tochter war ständig krank und klagte über starke Schmerzen in der Herzgegend. Sie hatte ständig Untersuchungen bei allen möglichen Fachärzten. Zuletzt waren wir sehr oft im LKH Graz, auch dort wurde nichts gefunden. Dann rief ich Sie an, Herr Eicher, und Sie stellten sofort fest, dass meine Tochter auf einer Wasserader-Kreuzung geschlafen hat. Noch am selben Abend haben wir das Bett auf einen strahlenfreien Platz gestellt und innerhalb kürzester Zeit waren alle Beschwerden weg.

Beim gleichen Besuch sagten sie mir sofort, dass ich komplett verstrahlt sei und im Bereich meiner Beine eine Wasserkreuzung sei. Ihre Nähe, Herr Eicher, vertrug ich überhaupt nicht: ich fiel ständig um (David Cooperfield hätte es mit seinen Zaubertricks nicht besser machen können), aber nachdem sie mir einige Male Ihre Hand auf mein Knie legten - es wurde durch die Hose hindurch heiß – ging es mir besser.

Nach einigen Monaten und musste ich mich dann einer Knie-Operation unterziehen - eine sehr große Zyste wurde entfernt und es wurde festgestellt, dass ich, damals 40 Jahre alt, ein Knie mit der Abnützung einer 70 Jährigen hatte. Der Arzt fragte mich, ob ich denn Leistungssportlerin sei – ich hab noch nie einen Sport ausgeübt und führe das alles den verstrahlten Schlafplatz zurück.

Herr Eicher, ich schätze Ihre Fähigkeiten sehr und ich hoffe, dass Sie uns noch lange mit dieser Gabe erhalten bleiben!!

Annemarie Gogeissl

Johann Zisler
Sonnleitberg 74
8616 Gasen

Gasen, 05.November 2012

Schlimme Wucherungen und Schmerzen verblassten

Ich darf mich vorstellen; mein Name ist Johann Zisler, geb. am 01.08. 1961 in Vorau. Ich ging ein Jahr in Gasen zur Schule bis zu dem Tag, als die Lehrer und mein Vater beschlossen mich in die Sonderschule zu schicken. Daraufhin kam ich nach Bruck zu den Kreuzschwestern, die damals noch Flügelschwestern genannt wurden, aufgrund ihrer Kopfbedeckung. Es brach eine sehr schwere Zeit für mich heran. Früh morgens aufstehen, beten, anschließend zum Kirchgang und danach bekam man häufig Prügel, auch mit dem nassen Birkenbesen. Es war kaum zu ertragen, aber noch schwerer war es, dieses Verhalten gegenüber wehrlosen Kindern zu verstehen.

Diese harte, traurige, einsame Zeit erlebte ich vom sechsten bis zum fünfzehnten Lebensjahr. Als die Schule endlich zu Ende war, musste ich ein Jahr gehaltfrei im Kloster arbeiten, bis ich von diesem Ort nach Gasen, in meine Heimat zurückflüchten konnte. Ich war so froh in der Heimat zu sein, doch war seither nicht mehr derselbe. Diese traurigen Erfahrungen hatten mich geprägt. Ich kam bei meiner Tante und meinem Onkel unter und schlug mich mit Gelegenheitsarbeiten wie Holzarbeit durch. Im Jahr 1995 kehrte ich zu meiner Mutter zurück, die inzwischen verstorben ist. Ich habe mein Heimatshaus alleine umgebaut und mir wieder ein Zuhause erstellt.

Doch 2009 wurde ich plötzlich krank. Ich bekam Muskelkrämpfe und zitterte am ganzen Leib. Am Bauch entdeckte ich plötzlich schlimme Wucherungen, die mit Bauchschmerzen einhergingen. Ich konnte mir diese Beschwerden selbst nicht erklären. Was geschah da nur mit mir? Niemand wusste Rat. Ich war am Rande der Verzweiflung und wusste nicht, ob mein Leben schon am Ende stand. Die Beschwerden wurden immer stärker und schränkten mein ganzes Dasein komplett ein.

Als Glücksfall erwies sich dann plötzlich eine aufopferungsvolle, liebe Gasnerin, die sich schon immer anderen Menschen annahm. Sie arrangierte für mich ein Treffen mit Gottfried Eicher, der Unfassbares mit seiner Wünschelrute erreichen konnte. Am 17.01.2011 kam er zu mir nach Gasen. Ich weiß, Gott wollte es so! Nach kurzer Inspektion meiner Wohnräume war schnell klar, ich lag mit meinem Bett genau auf einer Wasseraderkreuzung. Gottfried Eicher empfahl mir sofort von diesem Platz wegzurücken, um mich auf strahlenfreier Umgebung zu betten. Gesagt, getan!

Resultat dieses Besuches: Mein Leben ging – Gott sei Dank – wieder aufwärts. Ich konnte wieder normal am Leben teilnehmen und meine Beschwerden gingen vollständig zurück. Unglaublich, aber glücklicherweise wahr – ich danke Gottfried für seine Hilfe, er hat mir mein Leben wieder zurückgegeben! Mein Leben lang hatte mir in der Not niemand beigestanden. Im Gegenteil, für dumm verkauft hat man mich schon seit ich denken kann.

Nun hat mein Leben eine neue Wende! Ich erfuhr, dass auch Gottfried eine leidvolle Kindheit und Jugend hinter sich gebracht hatte. Möglicherweise hat Gott dafür gesorgt dass, sich unsere Wege kreuzen.

Johann Zisler

Die Kirche ist das eine, der Glaube das andere

Ich war schon immer ein tiefgläubiger Mensch und besonders ein Verehrer der Heiligen Gottesmutter Maria, doch gab es in mir so viel Unmut, den die Kirche in mir erweckt hatte, dass ich nach langem Hadern aus der katholischen Kirche austreten musste. Ich spürte einfach, dass es nicht richtig sein kann, in einer Glaubensgemeinschaft zu sein, die sich nicht an ihre eigenen Regeln und Ideale hält. Es gab viele Gründe für den endgültigen Ausstieg aus der Kirche, doch der Hauptgrund lag in meiner Kindheit. Der Kaplan an unserer Schule hatte Nächstenliebe gepredigt und gleichzeitig meinen Körper und meine Seele geschändet, ohne mit der Wimper zu zucken. Diesem Unmenschen vor meiner Trauung noch einmal gegenübersitzen zu müssen, war wohl der letzte Funken, der noch gefehlt hatte, um der Kirche und ihrem heuchlerischen Personal ein für alle Mal den Rücken zu kehren. Welcher Mensch, der vor den Augen Gottes durch einen Kaplan misshandelt und missbraucht wurde, möchte noch in die so „heilige" Messe dieser Kirchenbediensteten gehen? Gott und mittlerweile durch die Medien auch die Welt wissen, dass dieser Kaplan leider nicht der Einzige mit solchen abartigen Gelüsten gewesen war. Mein Schicksal, das in St. Margarethen an der Raab allseits bekannt war, war schlimm genug, auch ohne diesen Kaplan, der es schamlos ausgenutzt hatte, dass ich keine Angehörigen hatte, die sich um mein Wohl scherten. Nur zu gut weiß ich, wie die wohlhabenden Kinder in der Schule vom Kaplan und den Lehrern bevorzugt wurden, da sie hinterher bei ihnen am vollen Mittagstisch saßen. Grausame Heuchler waren das, und keine Freunde Gottes. Denn wir ärmlich lebenden Kinder waren Opfer dieses Systems voller Schläge, verbaler und körperlicher Misshandlungen, denen wir ausgeliefert waren.

Es war an einem Samstagnachmittag – ich war damals sechzehn Jahre alt – und meine Pflegeeltern empfingen den Herrn Hochwürden aus St. Margarethen an der Raab bei uns zu Tisch. Ich versuchte, die Leckereien nur durch das Fenster zu erspähen, die man dem löblichen Hochwürden kredenzte. Der Pfarrer schlemmte mit der Familie – natürlich ohne mich, das Pflegekind – am Tisch und sie wirkten wie eine glückliche Familie auf den hungrigen Kaplan, der es sich gut gehen ließ. Es scherte ihn nicht, dass die Familie mich wie ein Vieh im Stall hielt, und ich nicht am Tisch mit ihnen saß. Hätte er nur einen Funken Nächstenliebe in sich getragen, hätte er den Bauern in seine Pflicht rufen müssen, um mir zu helfen. Ich hatte inzwischen den Kuhstall zu putzen, während sie ihr Festmahl in sich hineinstopften. Das war kein Diener Gottes, der es zuließ, dass ich so mein Dasein fristen musste.

Auch das fehlende offene Ohr seitens der Kirche für meine Erscheinung am 18. August 1986 in Maria Fieberbründel stimmte mich nachdenklich bezüglich meiner Konfession. Niemand nahm sich meiner Schilderungen von diesem faszinierenden Erlebnis an, und ich fühlte mich damit sehr alleine gelassen.

Die Keuschheit ist ein weiterer Stolperstein, der mich dazu veranlasste, mich von der katholischen Kirche abzuwenden. Geschlechtsverkehr vor der Ehe sei strengstens verboten, bläute man uns damals in der Schule ein. Sexuelle Handlungen seien überhaupt nur zur Fortpflanzung erlaubt, hieß es. Dabei kannte man einige Diener Gottes, die uneheliche Kinder gezeugt hatten, oder sich gar an Ministranten und Buben wie mir vergingen. Da stellt sich die Frage, ob **das Zölibat** wirklich sinnhaft ist, oder ob die Kirchenmänner nur zum Ausweichen auf heimliche Beziehungen – gewollt oder ungewollt – gezwungen werden. Was soll dieses Versteckspiel? Es verletzt so viele Menschen! Zum einen die unehelichen Kinder, die gezeugt werden/wurden, zum anderen deren Mütter, die ohne wirklichen Partner an ihrer Seite leben müssen, und vor allem diejenigen, die nicht einvernehmliche sexuelle Handlungen ertragen müssen.

Frauen im Priesteramt hätte ich mir auch für die katholische Kirche gewünscht, um zu zeigen, dass auch Frauen einen guten Draht zu Gott haben können, wie es uns die evangelische Kirche schon lange vorlebt. Es ist so viel ehrlicher, die Menschen nicht nach ihrem Geschlecht zu beurteilen, wie man heute weiß. Ich bin der Meinung, dass die katholische Kirche endlich einiges überdenken und lebensnaher werden sollte, um noch länger von einer Vielzahl von Anhängern vertreten zu werden.

Die heilige Taufe von Säuglingen ist auch so ein umstrittener Punkt für mich. Warum macht man das, wenn Jesus die Erwachsenen damals dazu aufgefordert hatte, sich taufen zu lassen, um sich zu ihm zu bekennen? Niemand hatte damals Babys und Kleinkinder getauft, weil es sich hier um eine Entscheidung handelte. Ist das denn heute etwa nicht mehr so?

Der Selbstmord war in der Kirche ein verabscheuungswürdiges Verhalten und man begrub diese scheinbar gänzlich verzweifelten Menschen nur außerhalb des Friedhofs. Wie demütigend musste das für die Angehörigen sein? Wie wenig ist dieser Mensch, selbst nach dem Tode, der Kirche noch wert gewesen? Dies ist eines der wenigen Dinge, die sich die Menschen heute nicht mehr gefallen lassen, weshalb diese Regel lockerer wurde. Im Volksmund hieß es dazu früher: „Man wird begraben wie ein Hund!" Dies hatte auch wenig mit Nächstenliebe, Milde und Güte zu tun.

Auch **Scheidung** ist eine Entscheidung, die in der Kirche nicht respektiert wird, obgleich man in niemanden hineinschauen kann. Weiß man, was innerhalb der vier Wände der Eheleute wirklich passiert, und was manche Menschen mitmachen und erleiden müssen? Wohl kaum! „Was Gott zusammengefügt hat, soll der Mensch nicht scheiden" heißt es in der Bibel. Aber hat Gott die Menschen verheiratet, oder taten das die Menschen? Menschen machen Fehler und es ist grausam, als bekennender Katholik nach einer Scheidung keine Kommunion mehr zu bekommen, und sich nie wieder kirchlich verehelichen lassen zu können. Die Kirchensteuer geschiedener Leute ist jedoch immer pünktlich zu bezahlen. Man holt sich für die Partnerschaft den Segen, alles andere kann nur die Zeit zeigen. Ich bin dankbar, mit meiner Frau schon über 45 Jahre glücklich sein zu dürfen, aber kann man jene verurteilen, bei denen es nicht so gut funktioniert hat? Jede Partnerschaft hat andere Voraussetzungen und andere Herausforderungen, über die wir nicht zu urteilen haben. Ich habe erlebt, wie in einer oststeirischen Gemeinde ein junger, begeisterter Ministrant vom Pfarrer aus seinem Amt enthoben wurde, weil die Eltern in Scheidung lebten. Die Mutter des Jungen war ebenso gekränkt, und als sie eine Mahnung der Kirchensteuer erhielt, in der ihr mit Lohnpfändung gedroht wurde, hatte sie auch ein anderes Bild von der katholischen Kirche.

Die Waffenseg-nung beim Bundesheer war mir auch ein Dorn im (christlichen) Auge und unbegreiflich zugleich. Die Kirche segnete Waffen, mit denen man im Ernstfall Leben auslöschen würde und keinen Frieden stiften konnte. Kann man Mordinstrumente segnen?

Gerechtigkeit habe ich auch immer vermisst. Ich erinnere mich an eine Begebenheit mit einem reichen Landwirt in meiner Wohngemeinde. Er verspielte Haus und Hof und die Kirche, mitsamt der CARITAS, organisierte eine Haussammlung, um den Hof für den

Bauern und seine sechs Kinder zu retten. Kurz darauf war seine Schuld beglichen und mehr noch, er konnte sich sogar noch einen Traktor davon leisten. Aber wo war die Kirche, als wir Waisen im Armenhaus kaum zu essen hatten, wo war die CARITAS, als ich Jahre lang in der Scheune fror und um mein Leben rang? Ich war nie wohlhabend oder einflussreich, deshalb bin ich ihnen auch nicht ins Auge gestochen. Gerecht?

Ich bin mit Gott zufrieden, auch wenn ich das Verhalten der Kirche nicht verstehe. Ich fühle mich der christlichen Lehre nach wie vor sehr verbunden und weiß, dass Gott immer an meiner Seite stand – besonders in meinen schwersten Zeiten, – doch dafür brauche ich keine Konfession, die sich selbst nicht einmal an die Nächstenliebe halten kann. Ich denke Gott ist dennoch mein Gefährte, seinem vermeintlichen Personal auf Erden kann ich jedoch nichts mehr abgewinnen und das kann er mir wohl nicht übel nehmen.

Ich trat eben am 1.Dezember 1992 aus der katholischen Kirche aus und erhielt am 11.Februar 1993 ein bischöfliches Schreiben, warum ich diesen Schritt getan habe. Zehn Jahre später – und es ließ mir immer noch keine Ruhe – schrieb ich einen Brief an Dr. Egon Kapellari, um ihn über meine Gründe in Kenntnis zu setzen.

Gottfried Eicher
Ludersdorf 59
8200 Gleisdorf

Bischof
Dr. Egon Kapellari
Bischöfliches Ordinariat Graz-Seckau
Bischofplatz 4
8011 Graz

Ludersdorf, 27.Feber 2003

„Warum ich mich von der Kirche getrennt habe!"

Sehr geehrter Herr Bischof,

nach langem, zehnjährigen Zögern habe ich mich nun doch entschlossen, das bischöfliche Schreiben vom 11.Feber 1993 zu beantworten und Ihnen meine Beweggründe mitzuteilen, warum ich am 1. Dezember 1992 aus der katholischen Kirche ausgetreten bin. Ich habe mir diese Entscheidung wahrlich nicht leicht gemacht, zumal ich nach wie vor ein tiefgläubiger Christ und ein besonderer Verehrer der Muttergottes bin.
Es gibt mehrere Gründe, die mich nach langem innerem Kampf bewogen haben, diesen Schritt zu setzen und aus der Kirche auszutreten. Einer der Hauptgründe für diesen Schritt liegt in der Kindheit, und zwar konkret beim jeweiligen Kaplan Paul F., der in den Jahren 1950 bis 1955 in der Pfarre St. Margarethen an der Raab tätig war. Ich habe den Herrn Kaplan F. als damaliger zehnjähriger Schüler im Religionsunterricht erlebt und wurde regelmäßig von ihm körperlich (teilweise sogar schwer) misshandelt, was mehrere Zeugen heute noch bestätigen können. Ich hatte von Haus aus einer sehr schwere Kindheit, da ich bald nach meiner Geburt von meiner leiblichen Mutter verstoßen wurde und als Pflegekind drei Stiefmütter und zwei Stiefväter hatte. Ich wurde vor allem von meinen zwei Stiefvätern wie ein „Knecht" behandelt, musste regelmäßig schon in der Früh noch vor dem langen Schulweg auf seinem Bauernhof schwere körperliche Arbeit leisten, bei der ich oft sogar zusammenbrach. Jedenfalls

war es mir dadurch nicht möglich, meine Religions-Hausübungen zu machen, wofür der Herr Kaplan F. leider Gottes kein Verständnis hatte und mich zur Strafe misshandelte. Diese Misshandlungen waren oft so heftig, dass ich aus den Ohren blutete. Damals, als kleiner Bub, habe ich das hingenommen, heute, als Erwachsener, frage ich mich schon, wie der Kaplan F., der ja die „Nächstenliebe" predigte, so herzlos an mir handeln konnte.

Jedenfalls ging das so weit, dass ich mich vor allem wegen des Religionsunterrichts vor dem Schulgehen zu fürchten begann und mit zwölf Jahren schließlich aufhörte, den Unterricht zu besuchen. Kein Mensch hat sich damals um mich gekümmert und nach meinem Verbleiben gefragt, obwohl ich ja noch schulpflichtig war, und eigentlich hätte in die Schule gehen müssen. Ich frage mich heute schon, warum die Behörde nicht eingegriffen hat, zumal es ja vielen bekannt war, dass ich von meinem Stiefvater als „Knecht" ausgenutzt wurde.

Ich frage mich, warum der die christliche Nächstenliebe predigende Kaplan sich nicht um mich gekümmert hatte, obwohl er von meinem traurigen Schicksal gewusst haben muss. Ich habe das alles nicht vergessen können und leide heute noch darunter, obwohl es mir inzwischen gut geht und ich mir eine gesicherte Existenz geschaffen habe. Ich erinnere mich noch, dass damals die Kinder von reichen bzw. gut situierten Eltern es wesentlich leichter hatten und vom Herrn Kaplan und den Klassenlehrern gefördert wurden, während die ärmlichen Kinder bzw. die Pflegekinder, zu denen neben einigen anderen leider auch ich gehörte, nicht nur nicht beachtet, sondern sogar bei jeder Gelegenheit besonders vom Herrn Kaplan F. misshandelt und getreten wurden.

Noch ein Erlebnis hat sich mir eingeprägt, als ob es gestern gewesen wäre: Ich erinnere mich, dass an einem Samstag – ich war damals 16 Jahre alt – meine Stiefeltern einen reich gedeckten Tisch (gefüllter Weinkrug, Geselchtes, Eier, Brot…) vor dem Bauernhof aufstellten, da der Herr Hochwürden aus St. Margarethen sich an diesem Tag zu einem Besuch angesagt hatte. Er kam dann auch am Nachmittag und saß mit meinen Stiefeltern und ihren beiden leiblichen Kindern an diesem reich gedeckten Tisch und ließ es sich gut gehen. Derweil musste ich als Knecht im Stall schuften und durfte nicht am Tisch dabei sein. Der Herr Hochwürden musste das gewusst haben und wenn er ein christlicher Priester gewesen wäre, hätte er meinen Stiefvater darauf aufmerksam machen müssen, dass auch ich an den Tisch gehört hätte. Auch dieses Erlebnis – es ist eines von vielen – hat dazu beigetragen, dass ich eine große Abneigung gegen gewisse katholische Priester bekommen habe, die es zuließen, dass unschuldige, arme Menschen so gedemütigt wurden.

Nähere Informationen diese Zeit betreffend finden Sie in einem beiliegenden, vom Gleisdorfer Lehrer Walter Flucher verfassten Buch „Der Rutengeher Gottfried Eicher – Teil 1", in welchem meine Kindheitsgeschichte entsprechend dokumentiert ist. (siehe Seite 156 bis 159).

Der zweite wichtige Grund, warum ich aus der Kirche ausgetreten bin, liegt darin, dass die offiziellen katholischen Kirchenvertreter meinem „Mysteriösen Erlebnis" vom 18. August 1986 um etwa 09:00 Uhr vormittags in der Wallfahrtskirche Maria Fieberbründl absolut keinen Glauben schenken wollten und auch von kirchlicher Seite nicht der Versuch unternommen wurde, wenigstens meinen Bericht anzuhören und mit mir darüber zu reden. So habe ich von dieser „denkwürdigen Begegnung" mehreren Priestern, darunter auch dem damaligen Gleisdorfer Dechant Josef F. berichtet und man nahm mich absolut nicht ernst. Und dies, obwohl der Gleisdorfer Dechant von einigen Leuten über meine besonderen Fähigkeiten, die ich seit diesem „besonderen Erlebnis" plötzlich hatte und mit denen ich schon hatte helfen können, informiert worden war. Ich bin traurig, dass die katholische Kirche mir in dieser Angelegenheit nicht das geringste Verständnis entgegenbrachte und ich fühle mich von der Kirche allein gelassen. Einen genauen Bericht meiner damaligen seltsamen Begegnung finden Sie ebenfalls in dem Buch „ Der Rutengeher Gottfried Eicher – Teil 1" auf den Seiten 162 bis 165.

Sehr geehrter Herr Bischof, ich bin trotz meines Kirchenaustrittes nicht einer anderen Glaubensgemeinschaft beigetreten, sondern nach wie vor in meinem Inneren der christlichen Lehre und der katholischen Kirche verbunden, wenn ich auch, wie in diesem Brief dokumentiert, das Verhalten so mancher Kirchenvertreter vor allem in meiner Jugendzeit absolut nicht verstehen kann. Allerdings will ich nicht alle damaligen Vertreter der Kirche in einem Topf werfen und kann mir vorstellen, dass es auch in *meiner Jugendzeit Geistliche gegeben hat, die das Gebot der Nächstenliebe in der Praxis vorgelebt haben. Ich bitte aber um Verständnis dafür, dass sich diese negativen Kindheitserinnerungen in meinem Unterbewusstsein festgesetzt haben und es für mich und meinen inneren Seelenfrieden sehr wichtig wäre, diese Erlebnisse einmal mit kompetenten kirchlicher Unterstützung aufzuarbeiten.*

Ich würde mich über Ihre Antwort sehr freuen und gerne mit Ihnen über die in diesem Brief geschilderten Erlebnisse einmal ein persönliches Gespräch führen.

Mit freundlichen Grüßen

Gottfried Eicher

Daraufhin bekam ich ein Antwortschreiben von Bischof Kapellari, mit dem 07. März 2003 datiert. Er lud mich zu einem persönlichen Gespräch am 01. Juli 2003 zwischen 15 und 17 Uhr ein, aus dem später ein Termin Anfang September in einer Privataudienz in Graz wurde. Wir hatten ein gutes Gespräch, obgleich wir nicht in allen Dingen einer Meinung waren. Zum Abschied sagte Dr. Kapellari siegessicher: „Ich werde Sie im Auge behalten und versuchen, Sie wieder zu unserer Glaubensgemeinschaft zurückzuführen!" Ich entgegnete ihm schlagfertig und beendete unsere Unterredung mit den Worten: „Mit dem da oben (Gott) bin ich zufrieden, aber nicht immer mit seinem „Personal" auf der Erde!"

Ich war erleichtert, mir all diese Ungereimtheiten seitens der Kirche von der Seele reden zu können, auch wenn ich weiß, dass die Meinung dieser Glaubensgemeinschaft sehr festgefahren ist. Es war mir wichtig, Bischof Kapellari klar darzulegen, welches Unrecht mir in der Kirche widerfahren war, ohne alles unter den „geduldigen Teppich" kehren zu müssen.

Opferschutz (Klasnic-Kommission)

Im Jahr 2010 kam plötzlich eine schmutzige Wäsche nach der anderen von katholischem Kirchenpersonal zum Vorschein und landete in der Presse. Ich las die Zeitungsberichte und erkannte, dass sich mehr und mehr Opfer früheren Missbrauchs seitens der Kirche im Alter zu Wort meldeten, ihre Angst, die Scham und den Schmerz überwanden, um endlich Gerechtigkeit zu erfahren. Viele Kirchenbedienstete meldeten sich zu Wort, spielten alles herunter oder dementierten das Ganze. Ich wusste jedoch, ich war nicht allein mit dieser traurigen Geschichte, und dass es da draußen sicher einige Menschen geben würde, die auch nicht ewig schweigen würden.

Als die Missbrauchsvorwürfe gegen die katholische Kirche sich überschlugen, musste jedoch auch die Kirche handeln und Kardinal Schönborn setzte im März 2010 Waltraut Klasnic als unabhängige Opferschutzanwältin ein und es entstand die Klasnic-Kommission. Der Kardinal räumte damit Fehler der Kirche ein: „Leider wurden in der Vergangenheit zu Unrecht in der Kirche die Täter oft mehr geschützt als die Opfer." Mit der Stiftung Opferschutz wurde im Juni 2010 auch eine Entschädigungsregelung für Missbrauchsopfer beschlossen, die nach Schweregrad der Übergriffe gestaffelt wurde. Bis März 2011 hatten sich bei der Stiftung 1000 vermeidliche Opfer – darunter auch ich – gemeldet. Die Meldefrist für den Antrag auf Entschädigung wurde bis 31. März 2011 verlängert. Hierbei gab es – nicht wie vor Gericht – eine Verjährungsfrist und wenn man sich als Opfer meldete, durchstreifte man einen professionellen Clearingprozess mit psychiatrischen Gutachten usw. um nicht in Beweisnot zu kommen und ebenso Trittbrettfahrer aussieben zu können.

In dieser Zeit kamen alle Erinnerungen im noch so kleinen Detail wieder hoch und es quälten mich diese Gedanken wieder tagein, tagaus. Ich war aufgewühlt, durcheinander und auch irgendwie wieder verletzt wie am ersten Tag. Alles war wieder da, aus dem tiefsten Innersten wieder an die Oberfläche gespült. Ich fragte mich oft, ob es das wert sein würde, mit all diesen Opferschutzleuten zu sprechen und mich den Psychologen mit meiner Geschichte zu stellen. Wann würden sie antworten? Würden sie mir Glauben schenken? Würde der Schmerz dann wieder verblassen? Ich wusste es nicht, aber ich wusste, dass ich mein ganzes Leben auf diese Chance gewartet hatte, der Kirchenwelt zu sagen, was sie mir angetan hat. Das Gespräch mit Kardinal Schönborn war ein Anfang gewesen, doch hier bei der Klasnic-Kommission würden wir in summa etwas ausrichten können, endlich als Geschädigte ernst genommen und das Totschweigen für immer beenden. Alleine, um nicht mehr schweigen zu müssen, wollte ich es tun. Ich stellte mich also diesem sogenannten Clearing und bekam ein psychologisches Gutachten von Dr. Liselotte Mäni Kogler aus Graz.

Ein Auszug aus dem klinisch-psychologischen Kurzbericht:

„Herr Eicher zeigte Symptome einer posttraumatischen Belastungsreaktion. Die erlebte sexuelle Gewalt durch eine Vertrauensperson, in einer Zeit, wo er als Kind im familiären Bereich stark vernachlässigt worden ist, war eine massive zusätzliche Traumatisierung, die ihn nach wie vor beschäftigt. Es tauchen immer wieder Bilder aus dieser Zeit auf. Herr Eicher fühlt sich nach wie vor durch immer wiederkehrende Flashbacks beeinträchtigt."

Ich durchlief all die schrecklichen Minuten des Missbrauches zwischen 1951 und 1953 mit dem Pfarrer und Religionslehrer in St. Margarethen an der Raab noch einmal. Ich musste die grausigen Szenen des Missbrauches wiedergeben, um als tatsächliches Opfer anerkannt zu werden. Es war schwer, irrsinnig schwer vor dieser Psychotherapeutin zu sitzen und ihr diese Begebenheit zu schildern. Ich fühlte mich immer wieder schutzlos und stellte alles in Frage. Was wäre schließlich wenn mir niemand glaubt? Ich wäre am Boden zerstört! War das der richtige Weg? Ich wusste es nicht und wagte dennoch den Schritt und begann mit der Schilderung über meinen ehemaligen Pfarrer und Lehrer und seine Taten. Ich erzählte von der Prügelstrafe, die mich öffentlich in der Klasse erwartete, wenn ich die Religionshausaufgabe zuhause nicht machen durfte. Der Pfarrer schlug und trat auf mich ein, dass ich öfter sogar blutete. Zu den körperlichen und psychischen Misshandlungen vor aller Augen kamen dann zwischen 1951 und 1953 die sexuellen Übergriffe. Er zerrte mich alle zwei bis drei Wochen in einen Raum neben dem Klassenzimmer und zwang mich dazu, ihn mit der Hand und dem Mund zu befriedigen. Gleichzeitig fasste er auch meine Genitalien an und stimulierte sich dadurch. Es war unglaublich herabwürdigend, verletzend und demütigend für mich. Er drohte mir, dass ich in die Hölle fahren würde, sollte ich jemanden von unseren Treffen erzählen, wobei ich ohnehin schon große Angst vor ihm hatte. Ich konnte es kaum fassen, und noch weniger ertragen, und bekam dadurch Selbstmordabsichten. Schutzlos diesem grausamen Kirchenmann körperlich, seelisch ausgeliefert, hatte ich damals nur eine einzige Wahl: Ich blieb der Schule ab meinem 12. Lebensjahr für immer fern, da mir die körperlichen und psychischen Misshandlungen meines Stiefvaters – der mich wie ein Vieh im Stall hielt – reichten.

Ernüchterung

Als ich das Opferschutzverfahren hinter mich gebracht hatte, bemerkte ich plötzlich und unerwartet, dass die erhoffte Linderung meiner seelischen Schmerzen ausblieb. Ich hatte mich so sehr darauf fixiert, was die Klasnic- Kommission von meinem Fall hält, ohne mich zu fragen, was sich denn dann wirklich konkret ändern würde.

Nichts – wie ich heute weiß – hat sich für mich und meine Erinnerungen im Kopf geändert. Ja, man hat mir zugehört! Ja, man hat mir geglaubt! Nein, niemand konnte mir mein Packet an negativen Erinnerungen abnehmen! Darauf war ich einfach nicht vorbereitet. Ich hatte mich in den Gedanken verrannt, dass nach dem Opferschutz die Heilung kommen würde. Doch die Heilung für Missbrauch, die gibt es wohl nicht. Mir war wichtig, dass Waltraud Klasnic, Kardinal Schönborn und alle Beteiligten des Opferschutzes auch die Kehrseite der Medaille kennen und habe daraufhin einen Brief an sie verfasst und zu meiner großen Freude von allen eine persönliche, wertschätzende Stellungnahme zurückerhalten.

Gottfried Eicher
Ludersdorf 59
8200 Gleisdorf

Antwortschreiben auf die Entschädigungszahlung

„Ich Gottfried Eicher – elternlos, verängstigt, genötigt, sexuell missbraucht und gebrochen – kommentiere die Entschädigungszahlung des Opferschutz der katholischen Kirche Österreichs.

Mit dem Opferschutz, der 2010 wirksam wurde, sah ich Licht, endlich Licht. Ich hatte auf ein wenig Gerechtigkeit gehofft. Gerechtigkeit für das schwarze Gedankenmeer in meinem Kopf, das stürmt und braust, bei jedem Zeitungsartikel oder neuer Meldung über die Schandtaten; den grausamen Missbrauch und den sanften Verfahren „der katholischen Täter".

Ja, ich erhielt eine Entschädigungssumme aus dem Opferschutzbudget. Die Welt um mich zerbrach im zehnten Lebensjahr, wo das Mysterium des Missbrauchs begann, und heute, knapp 60 Jahre später soll diese Summe den Abgrund in mir füllen?

Das entspricht wenige Euro im Monat, seit der ersten unzähligen Missbrauchsstunden ...

Der Schmerz in mir ist nun größer geworden, um nicht zu sagen – er ist unbändig gewachsen – und das vermeintliche Licht des Friedens, das ich im Opferschutz sah, ist nun zu einem Feuer geworden, das nicht erleuchtet sondern verbrennt. Man hört ständig nur von Verjährung und Co und ich frage mich ständig, warum ist die Geburt des Messias vor 2000 Jahren nicht auch schon verjährt? Diese feiern wir jedes Jahr, und mein Trauma lebt in mir, jeden Tag, jede Stunde und jede Sekunde seit dem Tag X an. Verjährt also! Zu dumm; für das Opfer gibt es leider keine Verjährungsfrist nach der dieser Mann frei weiterleben und atmen kann.

Heute beschließt man Kinderrechte und weiß, was es für das Kind und dessen Zukunft bedeutet als Missbrauchsopfer in dieser Welt.

„Das Zurechtrücken der Verantwortung für die erlebte sexuelle Gewalt ist wesentlich für die weitere Verarbeitung und Heilung."

Die vielzähligen kurz- sowie langfristigen Folgeschäden körperlichen, seelischen Missbrauchs und Gewalterfahrungen im Kindesalter reichen von Angstzuständen, Wertlosigkeitsgefühlen, Schuld, Depressionen, Verweigern von Nähe, psychosomatischen Beschwerden und sozialen Anpassungsschwierigkeiten, sowie Problemen mit dem eigenen Körper und der Sexualität sowie Paarbeziehung im Erwachsenenalter. All das bis zum Ende meines Lebens zu ertragen ist nun eine Summe X wert? Zu gerne würde ich tauschen; Euro gegen einen freien Kopf und eine unbeschriebene Seele – Tabula rasa sozusagen; die Seele im Urzustand, ohne den furchtbaren Missbrauchserfahrungen.

Ich ertrug das volle Programm an Grausamkeit und muss nun feststellen, dass sich in der katholischen Kirche seit dem Mittelalter nichts geändert hat. Wird ein Geistlicher eines Missbrauchs bezichtigt und überführt, wird er nicht mit der vollen Härte des Landesgesetzes bestraft, sondern dieser hüllt sich in Empörung und Schweigen oder entschuldigt sich einfach einmal öffentlich wie z.B. der Abt Bruno Hubl und zahlreiche andere Glaubensvertreter, wie Alt-Erzbischof Kardinal Hans Hermann Groer es tat.

Groers einsichtige Worte lassen jedes Herz eines Missbrauchsopfers höher schlagen.

„Ich bitte Gott und die Menschen um Vergebung, wenn ich Schuld auf mich geladen habe." Und so leben die Glaubensbrüder durch rechtliche Verabsäumungen munter weiter...

2002 gestand Abt Berthold Heigl z.B. ganz grausame sexuelle ihm bekannte Misshandlungen von Ministranten ein: „Aus meiner heutigen Sicht hätte man damals mehr tun müssen, aber das Bewusstsein war damals noch nicht vorhanden gewesen."

Wie wahr, wie wahr, das gilt wohl für die gesamte, vergangene Kirchengeschichte, dass gegen das Unrecht hinter den Kirchenmauern mehr hätte getan werden müssen. Und unzählige weitere so wertvolle Ansagen aus den „Heiligen Reihen" müssen wir durch die Medien – das Sprachrohr – ertragen.

Stichwort Priesterseminar St. Pölten 2003: Zu heruntergeladener Kinderpornographie und Fotos der Studierenden und Lehrenden bei sexuellen Handlungen äußerte sich Bischof Kurt Krenn mit den für mich unglaublichen Worten: „Buben-Dummheiten."

Nach dieser interessanten Einschätzung einer obszönen Situation verschont uns Krenn nun Gott sei Dank durch seinen notwendigen Rücktritt von weiterer pädagogisch wertvollen Aussagen zu diesem Thema, und lässt uns Rückschlüsse auf seine eigenen Moralvorstellungen und möglichen Lebenswandel machen.

Ein Versuch zu Trösten oder die Kirchenausstiegsquoten zu stoppen kamen direkt aus Rom:

„Statt Menschen zu reifer Menschlichkeit hinzuführen und sie ihnen selbst vorzuleben, haben Priester durch ihren Missbrauch Zerstörungen hervorgerufen, die wir mit tiefem Schmerz bedauern." (Papst)

Im gleichen Atemzug spricht er leider auch von der „Größe und Reinheit der priesterlichen Sendung..." Reinheit, dieses Wort sollte ein Kirchenmitglied öffentlich nicht mehr für den Ausdruck seiner Gedanken zur Verfügung haben, denn außer ihren gegenseitig rein gewaschenen Händen bei jeder Messe, ist das Wort Reinheit unangebracht und trägt zum Zorn bei. Vor allem bei den jüngst bekannt gewordenen fünf aktuellen Missbrauchsfällen der österreichischen, katholischen Kirche am Jahresbeginn 2011.

Wie kann das sein? Habe ich deswegen nur eine kleine Summe für mein Missbrauchstrauma bekommen, weil die Kirche weiter sündigt, weiter missbraucht und nötigt und man für die Opfer von morgen schon sparen muss? Opfer züchten für die Zukunft? Liegt es nicht näher, endlich einmal aufzuräumen zwischen den Kirchenbänken?

Endlich Täter als Täter und nicht nur als Geistliche zu sehen?! Es gilt „reinen Tisch" zu machen und unsere Kinder vor diesen furchtbaren und der Seele Tod bringenden Handlungen und Qualen zu schützen!

Ist es nicht die Pflicht der österreichischen Justiz, Gerechtigkeit auch innerhalb der Kirche zu üben?

Gesetzeslage für jeden Durchschnittsbürger in Österreich ohne Kutte:

§ °201 StGB Vergewaltigung; Der Tatbestand erfasst die Nötigung zum Beischlaf oder einer dem Beischlaf gleichzusetzenden Handlung, wenn die Nötigung mit Gewalt, durch Entziehung der persönlichen Freiheit oder durch Drohung mit gegenwärtiger Gefahr für Leib oder Leben vorgenommen wird. Das Strafdelikt ist mindestens sechs Monate und maximal zehn Jahre.

Wenn also diese Handlungen und Taten unserer Kirchenmitarbeiter nicht immer durch Verjährung, das Schweigen, Ausflüchte, Ausreden und Entschuldigungen „an Gott und die Menschen" enden würden, könnten weitere Straftaten eventuell vermieden werden. Dann würde man das Gesetz auch innerhalb der Kirche wieder fürchten lernen! Beim Furcht und Angst verbreiten kann man sich von einigen Glaubensbrüdern noch was abschauen. Jeder Pfarrer würde es sich in der Zukunft zweimal überlegen, seine sexuelle Frustration durch unterdrückte Gelüste an Kindern auszuleben; müsste er sich bis zu zehn Jahren im Gefängnis mit Mitinsassen die Hölle auf Erden teilen!

Würde einem der gläubigen Sexualverbrecher dieses Schicksal in Aussicht gestellt, würde das zukünftig sicherlich ein Zurückgehen der Vergewaltigung und sexuellen Nötigung zur Folge haben. Das ist wohl das mindeste an Gerechtigkeit, was wir den Opfern von morgen anbieten müssen, die wir nicht vor Kirchenvertretern schützen konnten.

Wovor hat man im 21 Jahrhundert nur Angst wenn es um Gesetzesmissachtungen innerhalb der katholischen Kirche geht? Wegschauen war gestern! Zu viel Blut ist in dieser Organisation schon geflossen, zu viel Leid über Wehrlose, Kinder und Behinderte gekommen. Heute sollte die Kirche an den Pranger gestellt und die schrecklichen Taten öffentlich zur Schau gestellt werden, wie die Kirche es früher mit „Sündern" (in ihren Augen wohlgemerkt) gemacht hatte.

Schlussfolgerung aus der Bibel: „Wie ihr richtet, so werdet ihr gerichtet werden." Das klingt nach einer Aufforderung der wir endlich einmal nachkommen sollten, um spät aber doch mündig zu werden, nicht nur verbal sondern auch im Handeln! Eine Summe X, um darauf zurückzukommen, ist die Schuld, die mir über lange Zeit angetan wurde, nun wert und die Sünder, sie sündigen im Namen Gottes unter dem Mantel der Kirche im 21 Jahrhundert weiter, während mein Geist jeden Tag über den mir angetanen Handlungen brütet und sich Gerechtigkeit und einen unbeschriebenen Geist erbittet.

Ich erwarte heute Gerechtigkeit – Justitia – die sogenannte in der Natur vorhandene göttliche Ordnung! Und wo bitte, wenn nicht in der Kirche, sollte ich diese suchen und einfordern?

„Kinder erleben nichts so scharf und bitter wie die Ungerechtigkeit."
[Charles Dickens]

Uns wehrlosen, eingeschüchterten Wesen wurden damals die zehn Gebote noch eingeprügelt von Geistlichen, um Zucht und Ordnung zu üben. Die Doppelmoral „du sollst nicht Unkeuschheit treiben," und später mit dem Herrn Pfarrer aufs Zimmer gehen, „du sollst nicht lügen" und dann den Pfarrer und seine Taten decken, „du sollst nicht töten" aber ertragen wie jemand die eigene Seele tötet..."Genau diese Diskrepanz in meinem Kopf ließ mich öfter meinen Selbstmord planen, um zu entfliehen, um den Schmutz, die Sünde und das Leid mit mir sterben zu lassen. Ja ganz recht, ich lebe noch!

Aber wie lebe ich? Bin ich ein freier Mann? Meine Welt ist klein geworden, klein und trostlos. Ich versuche mir schon Jahrzehnte das Unrecht von der Seele zu reden und zu schreiben. Ich erzähle es jedem der es wissen will, ich schrieb in der Vergangenheit drei Bücher, in denen ich das Erlebte einfließen ließ. Ja, dadurch wurde es real und wahr, einfach Wirklichkeit. Aber Schmerz bleibt, auch wenn mir die Zuhörer Worte des Trostes spenden, mit mir schweigen oder mit mir darüber diskutieren und über Ursachen mutmaßen..."

Auch durch den Opferschutz ist der Missbrauch zu einem Fakt – Tatbestand – geworden. Der langersehnte Fallschirm durch den Opfer-

schutz hält mich aber heute nicht mehr, ich bin inzwischen wohl zu schwer geworden mit dem Sack voller grausamer Erinnerungen.

Diese passen nun einfach nicht in mein Leben, nicht in meine Familie, nicht in meine partnerschaftliche Beziehung zu meiner Frau, nicht zu meinen Kindern und schon gar nicht zu meinen Enkeln die gerade in diesem Alter sind, in dem ich zum Opfer wurde.

Auf jeden Fall habe ich den Glauben – die Für-Wahr-Haltung nicht Beweisbaren – in die katholische Kirche verloren und begraben, an einem Ort, der nicht zu mir gehört. Geschehenes kann nicht ungeschehen gemacht werden. Aber es ist Sünde, jetzt nur geringgradig Schadensbegrenzung zu betreiben und zu warten, bis jeder einzelne Pfarrer aufgedeckt wird.
Es bedarf eines radikalen Umdenkens
-um die sexuelle Problematik innerhalb der Kirche anzugehen,
-präventive Maßnahmen zu treffen, die den Missbrauch Minderjähriger ein für alle Mal unterbinden

und den Kontakt zu Kindern und Jugendlichen kritischer zu betrachten.

Deo iuvante – sozusagen mit Gottes Hilfe sollten wir dafür kämpfen, dass diese Verbrechen an Kinderseelen ein rasches Ende finden!

Bedenken wir dabei immer; das Opfer bekommt immer lebenslänglich".

In diesem Sinne, sei der Friede mit euch!

Gottfried Eicher

Gesucht und Gefunden

Ein Leben lang begleitete mich das Gefühl, noch irgendwo einen weiteren Bruder zu haben. Zum einen hörte man Gerüchte über einen weiteren Sohn zum anderen erzählte die Bäuerin – bei der meine Mutter im Dienste stand – an ihrem Sterbebett von einem Jungen namens Johann, der in die Gegend von Maria Lankowitz gekommen war. Wir beide teilten also das gleiche Schicksal, ungewollt und daher weggegeben worden zu sein. Ich machte mich mit diesen wenigen Informationen auf die Suche nach ihm, da ich durch das Wünschelrutengehen öfter unbewusst in seiner Ortsgegend gewesen war. Nach 64 Jahren fand ich tatsächlich Johann Eicher, meinen um ein Jahr älteren Bruder, bei Familie Herold in Maria Lankowitz. Er war als Kind herumgereicht worden und hatte 1961 Zuflucht bei dieser Familie, der er bei der landwirtschaftlichen Arbeit zur Hand ging, gefunden. Johann ist aufgrund brutaler Misshandlungen seit seiner Kindheit taub und sehr verschlossen. Familie Herold erzählte mir, dass Johann keine Änderungen in seinem Tagesablauf ertragen kann und daher weder zum Arzt noch zum Frisör gehen möchte. Es stimmte mich traurig, was mit ihm geschehen war und gleichzeitig erfüllte es mich mit Freude, dass Johann letztlich zu einer so netten Familie gefunden hatte, die ihn trotz seiner Beeinträchtigung schätzt und sich mittlerweile in der nächsten Generation seiner annimmt und sich um ihn kümmert. Ich konnte leider keinen Kontakt zu ihm aufbauen, da er offenbar niemanden so leicht an sich heranlässt. Lediglich einen Satz hatte ich bei meinem Besuch von ihm gehört: „Warum habt's ihr mich weg'geben?" „Wenn ich das nur wüsste, warum wir niemals Teil der Familie waren?", dachte ich still bei mir. Dieser Satz beschäftigte auch mich von Kindesbeinen an, doch unsere Mutter blieb uns diese Antwort für immer schuldig.

Am 18.03.2004 wurde ich nach Volkersdorf bei Eggersdorf gerufen um eine Wohnung auf schädliche Strahlung zu testen. Wie der Zufall es wollte, kam ich mit der Familie ins Gespräch, und man fragte mich, ob ich noch Geschwister bzw. einen Bruder namens Erich Fasching hätte? Nach langem Hin und Her kam heraus, dass es sich tatsächlich um einen weiteren Halbbruder, väterlicherseits, der früher Eicher-Fasching hieß, handelte. Erichs Mutter (Frau Fasching) war ebenfalls Magd, wie es auch meine Mutter gewesen ist, und lebte in Paldau.

Es stellte sich heraus, dass der Mann der mich gerufen hatte, damals der Arbeitskollege von meinem Halbbruder bei der ÖBB Feldbach war. Die Freude über diesen glücklichen Zufall war übergroß und ich hielt gleich darauf die Telefonnummer von Erich Fasching in meinen Händen. Aufgeregt machte ich mit ihm ein Treffen aus, welches mit einer sehr herzlichen Begrüßung begann. Wir sprachen über Gott und die Welt, über die schwierigen vergangenen Zeiten, das Aufwachsen in der Fremde und freuten uns gleichzeitig über die Tatsache, einander gefunden zu haben. Erich Fasching wurde am 30.05.1940 geboren, heiratete am 11.11.1961 Resi Heinzl und verstarb bereits am 23.12.2008 an einer schweren Krankheit. Ich bin an dieser Stelle dankbar für unser schönes Wiedersehen und hoffe er ruht in Frieden.

Resümee meines Lebens

In jungen Jahren erschien mir mein Leben wie ein Kreuzweg, auf dem man sich unermüdlich voran zu kämpfen hatte, um nicht auf der Strecke zu bleiben. Ich übte mich stets in Zufriedenheit, um mir dadurch viele bittere Stunden zu ersparen, in denen ich mit meinem Leben haderte.

Für mich war es der einzige Weg, um so manches Unheil schneller an mir vorüberziehen zu lassen. Wahrscheinlich ist der Schlüssel des Lebens täglich vorwärts zu schauen und hin und wieder einen Blick in den Rückspiegel zu riskieren, um den rechten Weg nicht zu verlassen. Würden alle Menschen mehr Verantwortung für ihr Handeln übernehmen, dann würde sich Gewalt, Missbrauch, Ausbeutung, Lügen und Betrügen langsam aus unseren Reihen verflüchtigen und das Leben würde endlich für alle mehr Sonnentage hervorbringen. Nur wer auch bereit ist, aus Fehlern zu lernen, ist nicht dazu verurteilt, sich stets Wiederholungen auszusetzen. Aus diesem Grund erzähle ich in diesem Buch die Geschichte meines Lebens, die viele Fehler, Ecken und Kanten aufweist, aus denen die Gesellschaft lernen sollte. Denn was war das nur für eine „gute alte Zeit" in der Kindern und jungen Menschen wie mir so viel Leid angetan wurde? Gewalttaten und Missbrauch waren außerhalb und innerhalb der Kirchenmauern an der Tagesordnung und wurden selbstverständlich stillschweigend von der Gesellschaft mitgetragen.

All diese grausamen Vorkommnisse forderten schon zu viele Opfer und ich wünsche mir von Herzen, dass meine Enkelkinder in einer Welt aufwachsen, in der all dieses Unrecht nicht mehr wortlos hingenommen und mit Schweigen unterstützt wird. Denn mit welchem Recht bringen Menschen so viel Unheil über andere?

Es erscheint mir heute noch wie ein Wunder, all die Schicksalsschläge irgendwie überstanden zu haben ohne daran zugrunde gegangen zu sein. Unser Schöpfer hat uns offenbar nicht vergessen, auch wenn es Zeiten im Leben gibt, die das vermuten lassen. Denn auf jeden Regen folgt irgendwann wieder Sonnenschein.

Nach langen und sehr harten Jahren habe ich meinen Platz im Leben gefunden. Unser Haus hat im Jahr 2000 auch neue Gestalt angenommen und wurde von unserem Sohn Wilfried umgebaut und modernisiert. Heute leben wir gemeinsam mit seiner Familie unter einem Dach.

2012 feierten meine Frau Rosa und ich bereits den 45. Hochzeitstag im Kreise unserer Familie in der Hoffnung, dass noch viele Jubeltage folgen werden.

Bis zum heutigen Tag wurden
mir von meinen vier Kindern
bereits sechs wunderbare Enkel
geschenkt, die meinen Traum
von einer großen Familie erst
komplett machten.

Auch die Fähigkeit, so vielen Menschen durch meine Gabe des
Wünschelrutengehens helfen zu können, gibt mir das Gefühl, wirklich gebraucht zu werden und nicht mehr ein wertloses Mitglied
der Gesellschaft zu sein, wie ich es in meiner Kindheit erleben
musste.

Gottfried Licher

Quellen:

Meine persönlichen Erinnerungen seit Sommer 1941

Gottfried Eicher, (2008). Mein Lebensweg. 1. Auflage 2008 im Eigenverlag

Therese Weber, (1991). Die Mägde, Lebenserinnerungen an die Dienstbotenzeit bei Bauern 3. Auflage, 1991, Böhlauverlag, S 154

http://www.erdstrahlen-info.de/geschichte-der-rutengaenger.html Stand: 15.09.2012

Kontakt:

Gottfried Eicher

Ludersdorf 59

8200 Gleisdorf

☎ 03112/3219

☏ (0664) 420 889 1

🖰 wuenschelrute@inode.at

 http://www.facebook.com/gottfried.eicherrutengeher